カープ風雪十一年

元広島カープ球団代表
河口豪

復刊によせて

カープがどんな道のりを経て、今日のチームを作り上げていったのか、特に草創期における球団の実情を内側から具体的に書かれた唯一の書籍は、元球団代表の河口豪さんの「カープ風雪十一年」をおいて他にない。カープの中枢にいた方だけに球団誕生秘話や、ゴタゴタなどの人間模様が生々しく語られ、同時に日本人が元気になっていく、戦後間もない時代のしたたかな逞しさの発露《はつろ》を、文章から体感できる秀作となっている。

「涙と笑いと悲嘆と希望」。カープ愛に燃え、カープに人生を賭《と》した男たちが繰り広げた物語を、是非に今のカープファンに知ってほしい。そんな思いから今一度、56年の時空を超えて復刊に至った。そこにカープのキラキラとした眩しい〝青春〟が見える――。

復刊にあたり、快く了承してくださった河口さんのご子息の正さんと発行元であったベースボール・マガジン社に心より感謝のお礼を申し上げます。

編集・発行人　阿蘇品蔵

〈特別寄稿〉

石本秀一さんと山本浩二

衣笠祥雄

「カープ風雪十一年」を読んで去来したものは、カープ初代監督の石本秀一さんの胸に残った印象的な熱い言葉と、盟友山本浩二が私に語ってくれた幼い日の思い出だった。

この本が書かれたのは、私がカープに入団した1965年（昭和40年）の5年前の1960年（昭和35年）で、文字どおり初めてのカープ球団本と聞いた。

それにしても、大らかというか、大胆というか、よくぞここまで書けたもんだ、と感心してしまうほど、当時のカープの台所事情やそれに関わる人間模様などが詳しく書かれている。選手への給料の遅配が続く、苦しい台所事情にもかかわらず、登場する多くの人が広島カープに身を削るようにして寄り添う姿が印象的で、単なる球団史というよりも、戦後の復興をめざす広島の一級の郷土史として、価値あるものになっている。その「カープ愛」には心を打たれるばかりだった。

創成期を支えた石本秀一さんは、監督を辞したあと、1966年（昭和41年）、ヘッドコーチとしてカープに戻ってこられた。本当にカープが好きで好きでたまらない人で、よくカープのビンボー時代の話を聞かされた。

入団2年目だった私に、

「衣笠、当時の監督の仕事はなんか知っちょるか」

と言ったことがあった。

「当然、チームが勝つことでしょう」

「いや、違うんじゃ、カネ、ゼニや、どれだけ集めてこれるか、これが仕事なんじゃ」

とニコニコしながら答え、苦労話を語ってくれた。選手は白石勝巳さんにまかせ、ご本人は金策で全国を駆けずり回ったという。この精神があったからこそ、石本さん、それに著者の河口さんらは、幾度となく訪れた経営危機を乗り超えて来たのだろう。そうしたカープの苦しい台所事情は、私の時代まで続いていて、選手全員が、試合に勝つことが人気と集客、収入につながる意味を認識して戦っていた気がする。

カープが誕生したとき、山本浩二は3歳だった。物心がついた頃に、初めてお父さんに連れられてカープの試合を観たと、聞いた。当時、実家の広島市廿日市から太田川を渡し舟に乗って県営球場へ行っていたという。市内のど真ん中に、市民球場ができるまで県営球場通いが続き、大のカープファンになった浩二の夢は、将来、カープに入って野球選手になることだった。

そして法政大を出てカープに入団、ついに夢の第一歩を踏み出した。1975年（昭和50年）、ミスター赤ヘルとして、後楽園球場で巨人を破りリーグ初優勝の立役者になった。

お立ち台で「バンザイ」と絶叫して涙を流し、これ以上の幸せはないといった浩二の姿は、本書を読むことによってやっと理解できた。浩二は夢を叶えたのだ。浩二はもちろんカープと広島市民やカープファンは、まさに相思相愛の関係で、広島を盛り上げていった。本には、カープを支え盛り上げていった私が知っている方もたくさん登場して懐かしい。

白石監督、長谷川監督などの時代を越えて、1967年（昭和42年）、松田恒次社長の「ファンの方々にお礼を――」の一言から優勝をめざすチーム作りが始まった。そして根本陸夫さんが監督、そして元サッカー日本代表だった重松良典さんが代表に交替した時代から、広島野球が大きく変わっていき、球団経営も改善されていった。そしてルーツ監督、古葉監督を経て、赤ヘル軍団へ昇華していった。

本書で球団創設時の発起人の方々の名簿を見た。広島県、市の政財界で活躍なさっていたみなさんは本当にカープがわが子のように可愛くて仕方がなかった人たちだ。私の現役時代、春と秋にそうした方たちとカープの選手、スタッフと懇親パーティーが何度も催され呼ばれた。

みなさんは、私たちに対して決して偉ぶらず、おごらず、フランクに接していただいた。

「お前たちが頑張れば、広島市民が元気になる。市民のために頼むよ」

みなさんは県民、市民、一つになってカープを育てている、そんな熱い思いで私たちに接してくださった。声をかけ、励ましてくださった企業の方々の顔をいまも忘れない。

その人たちは金銭的にもカープを大きくバックアップしてくださった。

原爆によって焦土と化して、わずか4年目にして「広島市民を元気にさせたい」と、そんな思いで作り上げた球団は、県民、市民にとっても復興のシンボルでもあった。

本書にある立教大長嶋茂雄さんの広島入団への誘いについては、過去に少しばかり聞いたことがあったが、南海に決まりかけていたのを、ここまでカープが本気に取りにいっていたとは知らなかった。そこが凄い。

この件について長嶋さんは、広島に遊びに行ったことはあるが、なんのことで行ったかまったく覚えていない、と言ったとか。

思えば、私がカープの入団を決めるとき、父から大反対された。それにもかかわらず「自分の道は自分で拓《ひら》く」とカープ入りを果たした。

当時、京都の平安高校3年生で18歳だった私は、広島が球団経営で困窮しているなど、つゆ知らず、ただ「カープに行けば試合に出れる」と当時のカープのキャッチャー事情を分析して入団した。それが結果的に多くの人に出会い、学び、そして育ててもらった。

カープがあったからそれが成し得た。私は、私の育ったすぐ前の時代に、カープの礎《いしずえ》となる風雪11年があったことを決して忘れない。


2016年9月10日土曜日、東京ドームにおいてカープは対巨人戦に勝ち25年ぶりのリーグ優勝を果たした。黒田が投げ、「神ってる」4年目、22歳の鈴木誠也の2本のホームランなどで勝ち取った優勝である。今季大活躍の黒田が、新井が、そして緒形監督が宙に舞った。3人の目から涙があふれていた。

菊池、田中、丸、野村をはじめ、若い選手たちには笑顔があった。スタッフと選手全員の歓喜が一気に爆発した。25年、思えばえらく長かった——。

故　谷川昇氏

著者近影

池田勇人氏（カープ東京後援会長）

白石現カープ監督

石本前カープ監督

ディマジオ、モンロー夫妻歓迎会。
左からディマジオ、野田阪神社長、一人おいてモンロー、著者。

著者を中心に。左側平山選手夫妻、右側銭村選手夫妻。
両選手が来朝契約直後の記念撮影。

長谷川投手

カープ時代の強打者小鶴選手

1960 年度のオールスター戦におけるカープの三選手。
左から大石、興津、大和田。後楽園で。

金山コーチ

広島市民球場設計打ち合わせ。
左から石本所長、鈴木セ・リーグ会長、著者。任都栗広島市議。

上空からみた広島市民球場の全景。

広島市民球場正面全景。右は著者。

1958 年度のオールスター・ゲームは広島市民球場で行なわれた。

箱根松ノ茶屋で凡頭会。
左から著者、一人おいて水原巨人監督、鈴木セ・リーグ会長。

長嶋選手（現巨人、左から二人目）が立大時代に来広した際の記念撮影。
立っているのが著者。

すいせんの言葉

郷土のプロ野球「カープ」の面倒をみてきた河口君が、その回想記を出版した。その「凡《ボン》・頭《ヘッド》風雪十一年」という題で連載されたバラエティに富んだ記事は、中国新聞紙上で読んだが、新聞人である河口君が、あの至難なプロ野球経営によくもここまでやりとげたものと感心すると同時に、ご苦労さんでした、と私は、この機会に一言お礼を述べておきたい。

カープの歩んだ道は、全く茨のそれであった。郷土の故をもって、私はいささか微力を尽くした、だがそのカープが今日ようやく一人前になったのは、まことに広島県、市民のみなさんや、関係者一同の努力の結果と信じて疑わない。

カープ苦難の歴史をこの書によって、よく味わっておくことも広島県人として、またファンとしてむだではないと思う。敢えて一読をお奨めしたい。

内閣総理大臣
カープ東京後援会長
池田勇人

すいせんの言葉

カープ創設から今日まで、またセ・リーグにおいて、私たちと、苦楽をともにした、河口君が、その第一線から退いたことは残念だ。しかし長い人生のどこかで、ちょっと一服するのもむだではあるまい。

その一服の合間に河口君がまとめた、十一年の思い出の記は、まことに同君のいうごとく、ドラマであったろう。淡々と川の流れのように、書きつづったその記憶力にはおそれいった。

喜こび、憂れい、歯をくいしばったこと、楽しい場面も率直に、ありのままが記述されていて私自身が、「そうだったか」といまさらのように回顧させられたものもあった。カープが生まれ出る。そして成長していく、その間の労苦が短い文章の中に、にじみ出ているが、読んで肩の凝らない点が「ミソ」である。カープでなければ夜も日もあけない、広島の県、市民、ファンの方々に「まず一冊は手にしてください」とお奨めする。

セントラル・リーグ会長

鈴木竜二

序にかえて

カープ創設の苦難時代から代表を辞任するまで、時の流れは文字どおり矢のごとく、いつの間にやら十一年を数えた。

中国新聞社長、山本正房氏と交替決定をしたのが、三十五年の一月十一日であった。この日は亡き母の命日でもあったので、強く印象に残った。辞任すること、それ自体には、なんら問題はなかったが、それ以前に、同じ役員である、私自身が知らぬのに、チラホラと更迭記事が流されたことについてはいささか不愉快を感じた。私は、福沢先生の「天は人の上に人を作らず、人の下に人を作らず」の平等主義一本に、突き進んできたのだが、静かに思えば、まだまだいたらぬ者と、痛感したことである。

この小冊子は辞任とともに、なにか記録の一助にもと考えて中国新聞に書いたものであるが、私が考えた、「凡頭十一年思い出すまま」は新聞社編集子によって、「凡頭風雪十一年」と、グンと生かされたのであった。人生は川のごとくゆうゆうと流れてやまぬ。この思い出も、その川のように、ペンの流れるままに書きつづった。中国新聞連載の「カープ十年史」との交錯をできるかぎりさけ、年月日も省略したし、新聞連載の一部に筆も加えた。執筆中、各方面から激励の書簡や、あらたな投書まで頂戴したが、私はカープを創設した人間の一人として、あくまで、現カープを望遠の「富士」としていきたい。富士は、頭に雪をいただき、その望遠の姿は美しい。しかし、登山すると、いろいろな美は、足もとから消え去るものだ。

上梓にあたり、各界、各層から寄せられた御好意を深く謝す次第である。カープの飛躍を祈りつつ。

ある晴れた日に

著者しるす

カープ風雪十一年　目次

第一章

第二章

第三章

第四章

第五章

第六章

本文（　）の中の注は、編集部が新たに説明を入れたものです。

――編集部

第一章

記者からズルズル

カープが誕生するにはそれにふさわしい、いくつかの実績がおりかさなっている。終戦後間もなく、私たちが結成した、共同通信と地方紙編集部長の取材連絡機関たる「火曜会」は、新聞社のPRをかねて、プロ野球を地方に招へいした。その結果が、プロ野球斡旋機関として「木曜会」が生まれたのであった。私がその委員に選ばれたのである。このことが、私を野球の世界に引きずり込んだ大きな要因となったのである。

広島には、何度となく、プロ野球を迎えたが、その都度大入り満員で、主催者側から喜こばれた。なかでもいちばん印象に残ったのは、広島大学設置基金募集のためのものであった。当時、県議会の事務局長（のち県議）田口さんは私を広島駅頭に見送って「ありがとう、ありがとう」と何度も礼を述べられた。こうしたことから私は「広島にプロ野球を」と考えるようになったのである。また共同通信の当時の幹部連も、これから、プロ野球の花ざかりになると断じ、とうとう「火曜会」は共同で、プロ野球の専門雑誌「野球王」を創刊したのであった。

もうここまでくると、ただごとではない。早くプロ野球をと、広島の財、官界の人たちと、たまたま列車をともにした際、率直に私見を披露したところ賛成を得たのだが、実際に「さあやろう」と足もとから火のつくように持ち込まれたのは、故谷川昇氏であったのだ。有力なるアシスタントは、山口勲氏であった。山口氏は戦前プロ野球経営のベテランであっただけにすべてにソツはなかった。さてカープ創設の準備時代、鈴木現セ・リーグ会長は当時、連盟顧問であった。この鈴木氏は国民新聞時代、社会部長をやり、新聞界ではカミソリ竜二と異名をとったやり手。故谷川昇氏の使いで連盟にしばしば赴《おもむ》いたが、会うたびごとに、

「プロにはいっちゃいかんよ、君はあくまで新聞記者としてつらぬけ」

と忠告してくれた。私の性格を見抜いた、というより採算のとれないプロにはいっては苦労の連続だ――という思いやりからだった。それというのがその時代、とくにプロ野球はもうからぬもの、親会社のPR機関であったからだ。従ってお手伝いはするが、入るべからず――が私の信念となったことも当然であった。

ところが、このお手伝いが、いつの間にやら私をズルズルとカープに引きずり込んでしまったのだ。正式届け出にあたって、当然責任者となるべき郷土の先輩山口勲氏をある事情により連盟が認めなかったからだ。また、広島県、市をはじめ、県下各市を歴訪説明する役目を背負い込まされた。当面の代表人物である谷川さんは当時追放中なので、表面に出られず、勢い、私がその任に当たったわけだ。県庁に赴いて最初にお会いしたのが、県議会議長の小谷伝一氏であった。各派の県議さんが議長さんの前に円陣を作って、私の説明がはじめられた。小谷さんは両眼失明の方だが、私は当時それを知らなかった。小谷さんが、ポケットからタバコを出してパイプにさし、静かに口にくわえると、かたわらの女秘書がマッチをすって火をつける。パイプはくわえられたままマッチの方がタバコに近づくのだから操作のズレがない。両眼は慈父のように澄み、いつくしみをたたえている。説明の数字を反復される場合、いささかの間違いもない。ただ私はいい議長さんだな――と敬服したのだが、さて説明が終わって、小谷さんは、

「私はご覧のように目は見えないが、相手の音声でその人物を見わける。あなたは正直だ。力になりましょう――」

と一言いわれた。私はポカンとして小谷さんの顔を見直した。小谷さんの両目は義眼か

とはじめて知ったのであった。

説得行脚のエピソード

さあ、きょうから各市を歴訪して、説明をしよう。予定は三日間とします——と谷川さんは日程を明らかにした。呉市を午前中にすませてから谷川さんの故郷西条町に赴いた。賀茂鶴（注・賀茂鶴酒造株式会社）の市岡さんが大の谷川先生ファンで大変な歓迎ぶりであった。酒造りをひととおり見せてもらって賀茂鶴の寮にはいった。寮に落ち着いたころにはもう電燈があかあかと輝いていた。大広間には町の有力者や野球好きの青年が三十余人、五人ひと組になって、七輪をかこんでいた。さあやりましょうと、市岡さんの一声で、にぎやかな「すき焼」がはじまった。肉はよし、酒は蔵出しの賀茂鶴、さすがの大広間も春のように暖かくガラス窓まで曇ってしまった。

谷川先生は終始ニコニコと杯を重ね、カープの計画から本場米国のスポーツ等に関して極めて博識なところをいかんなく発揮された。文字どおりとけ合った会合であった。夜もふけなごやかな「すき焼」会も終わって、私は谷川さんの次にフロをいただき、寝についたのだが、間もなく谷川さんはにわかに苦しみ出した。それッというので医師を招き、間髪を入れぬ手当てが施された。谷川さんの持病ともいうべき、心臓疾患であったのだ。注射でやっと治り、鶏鳴のころ、だれもが安ドの眠りを得たのである。思えば谷川さんの心臓病はこのころから、油断のならぬものであったのだろう。

日ごろガン健なくらいな谷川さんであったから、ご自身も周囲の人たちも、それほどには考えていなかったのだ。残念でならない。みごと衆議院議員に当選されながら、当選の報を耳にされた瞬間、幽明さかいを異にされた。その最後の地が同じ西条町であったこと、奇《く》しきかぎりである。

この「すき焼」会で私は市岡さんを知り、長いご交誼《こうぎ》を得ることになった。つい先年まで、プロ野球界シーズン・オフの名物となっていた、ボンヘッド（凡頭）会用の酒は西条からじきじきに取り寄せた、賀茂鶴一本ヤリに定められていた。この凡頭会の総裁は大和球士氏（注・人気スポーツライター）であったが現在は中断されている。

あくる朝、寮を出発するころには谷川さんはケロリとして、なんら変わりもない。私は谷川さんと打ち合わせ、三原、尾道の両市に寄って、福山で合体することにした。谷川さんの健康を考慮にいれたからである。両市に対する説明は、もうこのころには板についていた。立て板に水——とまではいかぬとしても市長さんや、議長さんに納得してもらうことができた。

それこそ汗ダクで福山駅に降りたつと、福山市の方が出迎えられ、「もう説明会は終わりましたから、懇親会場のほうへご案内します」というのである。話を聞いてみると、これは一大事であった。谷川さんが福山駅に到着する時刻はハッキリしていたので当時の市長藤井正男氏が出迎えられ、いまちょうど市会開会中だ。議場で説明してくれと有無をいわせず谷川さんを議場に引っ張り込んでしまったのだ。谷川さんは藤井市長の猛歓迎に追放中の身も忘れて、議場壇上から、とうとうとカープ創設の趣旨を述べられたのであった。青くなったのは谷川さんでなく、私であった。藤井市長や議長さんにお願いして、説明したのは河口であると——改めて頂いた。いまでこそ書けることだが、谷川さんらしい天衣無縫ぶりがしのばれてならない。

監督を誓約し白石を迎える

ともかくもカープは生まれた。あの成人の日、寒風ハダをさす練兵場跡（注・広島市基町）で、カープ結成式（注・１９５０年・昭和25年1月15日）が行なわれた。谷川さんのあいさつを皮切りに諸名士の激励の辞があったが、東京からはセ・リーグ安田会長代理として読売新聞運動部長の宇野庄治氏が来広祝辞を代読した。ところが、この代読が終わったと思ったとたん、セ・リーグ理事長代理として筆者が呼びあげられた。当時理事長は中日の故中村三五郎氏であったが、予定されていないので祝辞は用意していない。マイクで呼びあげられたから万事休す、強心臓で、

「これからカープ・ファンは全国に充満するだろう」

とブチあげた。冷汗ものだった。あとで島薫先生（注・カープの後援者、島外科病院院長）が、

「どうなることかと心配した……」

と笑いながら私の肩をポンとたたかれた。

宇野会長代理も、

「えらい心臓やナア……」

といったが、つれだって宿舎に帰ると、この会長代理は、きょうの式次第を逐一原稿にして本社に送るのであった。我が意を得たと思ったことだ。このこと以来、宇野氏（通称

ガン坊）との交友がはじまった。

白石君を巨人からもらうことになった糸口は実のところ宇野氏であった。故安田副社長を口説き落とし、ついで故四方田巨人代表（注・四方田義茂《よもだよししげ》）にいたる手順はすべて宇野氏の知恵であった。四方田代表を読売新聞にたずねて、最後のＯＫをとることになった日、四方田さんは、

「いま白石君を呼んでいますからここに来ますが、白石さんが広島に行くなら私もいっしょに広島に行きたい――と藤原（鉄）捕手がダダをこねて困っているんです。藤原に出られると巨人の捕手が手薄になるので、いま予定している者（楠捕手）が入団すれば藤原もさしあげます。従って藤原にしばらく待つよう白石君に説得してもらうことにします。それができなければ白石君の移籍はお預けにして下さい」

といわれた。さあ困ったことになったと私もちょっと顔を曇らせた。そこへ白石がはいって来た。

「藤原どうかね……」

と四方田さんが口を切った。

「いま私について来ています。ドアのところに、立っています」

と白石君は口数の少ない例の調子で答えた。

「白石君をいただけば将来カープの監督です。たいせつにいたします」

と私は四方田さんに誓約した。

これで白石君の移籍は決定したのだが、難関はドアの外にいる藤原である。白石君はドス黒い顔をニコともさせず、

「鉄にはよく話をします」

と一言。結果は円満妥結して、一足お先に白石君が郷土チーム、カープに迎えられたのであった。

白石君が監督に就任することになったのは石本氏の退団によるものだが（このいきさつはのちに書く）とにかく私としては故安田庄司氏、故四方田代表に対する誓約は実現せしめたと思っている。両氏亡きが残念である。

白石君移籍が縁となって藤原、山川、のちに棟居と、巨人軍とは今日、カープが西鉄と親類づき合いをしているように、ひところカープは小型巨人と称されたほどであった。

国鉄加盟説得に行く

セ・リーグ発足当初は八球団であった。巨人、阪神、中日、松竹、広島、国鉄、大洋、西日本である。西日本パイレーツは九州博多、大洋は下関、この地域的条件が旅行日程を組むのにも便利であるとして、パ・リーグ毎日の本田親男氏に依頼していたカープがセ・リーグの一員として加盟を求められた要素にもなっている。松竹は二リーグに分裂するさい田村駒次郎氏をオーナーとする太陽ロビンスと合体してでき上がったチームである。西日本は、西日本新聞社の経営で当時、読売新聞社と提携し一般記事についても、読売と結んで専用線（注・通信網）によって結ばれていた。このことは、当時からテレビ、新聞で、全国制ハの遠大なる計画を進めていた正力松太郎の構想の一端であったといえる。カープが加盟したころ、読売の故安田副社長は極めて遠回しに、この読売西日本間の専用線を広島、つまり中国新聞社に落としてはどうか——とさえいったことがあるが、関門、山口地区で接触する関係から表面化せぬ前に西日本側から反対が出て立ち消えとなった。

正力氏のマイクロウエーブ（注・通信回線）計画は地方紙、ことに中国新聞社としても許容するところでなく野球は野球、新聞は新聞として割り切った。晨《あした》に野球会議で、正力、安田の両巨頭とともに語る私が夕《ゆうべ》にはアンチ・マイクロウエーブで猛運動の先端に立たされたのだから皮肉であった。さて、話は横道にそれたが、四ツの新球団はそれこそ立ちあがりから経済的に苦しみ抜いた。国鉄は八球団にするために最後に加盟したもので、この説得に赴いたのが私であった。当時総裁は加賀山之雄氏、文書課長が磯崎叡氏（現国鉄常務理事）で、この磯崎氏がなかなかの野球好き。私に、

「総裁を口説いて下さい」

とネジを巻くありさまで、結局、選手用の畳つき寝台車を作ることを条件に加盟金なしでセ・リーグの一員となったのである。

加賀山総裁も大の野球狂、加賀山チームの総帥でもあるが、磯崎氏はのちに広鉄局長に栄出（注・昇進）、このことといらい交誼を得て、カープの本拠地球場実現にはひとかたならぬお世話になった。カープ恩人の一人である。ところが新球団は収入が少ない、出費は多いで、どこがまっ先に倒れるか――と早くもプロ野球のかんばしからぬクイズになったものだ。カープもその候補の一つで、加盟金の納入どころか、選手俸給の遅配、欠配がはじまった。西日本はそのハネ返りがもっとも強く、肝心《かんじん》のご本家新聞社のほうの俸給までが、ストップする騒ぎとなった。ついにイの一番に解散の憂き目をみた。バックの読売新

閻があるていど背負い込んだのもやむを得ない。

こうした騒ぎの中で理事会はひん繁《ぱん》に東京で開催された。田村駒次郎氏（注・プロ野球団松竹オーナー）は当時連盟顧問でこの理事会に出席、口を開くと独壇上、「新球団は早く加盟金を支払え、経営できぬなら解散するのもいたしかたないじゃないか」と強硬論でしめあげるのである。はじめは処女のごとく小さくなっていた私もとうとう堪忍袋の緒《お》を切ることになった。

「田村駒」にカミつく

加盟金とはそもそもなんであろうか。新しくできたリーグだから、いわば協同体、その基礎基金としてこれこれを出し合うというのならわかる——と考えたのだが、説明は「のれん代」ということであった。お願いして加盟させてもらったのだから貢物《みつぎもの》をする礼儀は心得ているが、理事会のつど「払え、払え」とガナりたてられると、グッとくるのである。私も若かった。あとにもさきにも、ただ一度田村駒次郎をグッとにらみあげて、どなりあげた。

「真綿でしめるようなことはやめて、いっそ除名したらどうか……」

とやったのである。満場はシーンと、しずまった。票数でいくと、四対四、だれも口を割らない。理事会はそのままお開きとなったが、あと味の悪いことおびただしい。喜こんでくれたのは他の三新球団で「よくやってくれました」とお礼をいわれたが、哀れな気持ちが先になってどうしようもなかった。

これまで新球団はいずれも百万円近く納入していたが（国鉄は結局五十万円だけ納入）田村氏の提唱で加盟金一球団一千万円と決定されたのだから、当時としてはどえらいことであった。「除名したらどうか」は表面化せず、その後も理事会の度ごとに出るのは加盟金である。今日のように、理事会の会議内容を新聞には発表せず、秘密扱いとなっていたから、こうした論争はいっさい外部に出ないのである。しかし、どう考えてもやりかたが、攻め方が気にくわぬ。お隣り下関の大洋球団の代表木下検二氏と相談の結果、加盟金はこれ以上支払うのはやめよう——となった。それにはこの理事会の内容を明らかにすることだと私は考えた。すぐ実行にうつした。以後、理事会のつど、私自身が会議の全ボウを即日執筆、デイリー・スポーツ紙に提供したのである。なぜデイリー・スポーツ紙を選んだか、デ紙の重役M氏は郷土出身の先輩だからであった。デイリーは喜こんでくれた。私の書いた原稿が一面のトップを飾ることになったがあくまで真実をそのまま書くのだから、さすがの元老田村顧問もまいってしまったらしい。ある日の理事会の席上、「この会議の内容が一つも間違わず報道されるとは何事か、だれかがもらしているのだろう」と愚痴ったものである。こちらは知らぬ顔の半兵衛である。内心「うまくいったぞ」と木下代表の横腹をつついたのであった。まさに効果は一〇〇％であった。それからというもの田村氏の出席はほとんどなく、また加盟金の請求もストップ、それればかりか、いままでの線で、加盟金納入は打ち切りと相成ったのである。表面は「まことにありがとうございます」であったが新球団側は拍手カッサイしたものである。

ついでながら加盟金の行くえを明らかにしておくと、これは旧四球団が「のれん代」として平等分割したのである。

窮余の印刷会社計画

きょうは人の身、あすはわが身、とはよくいったものだ。カープの遅配、欠配は西日本について顕著になっていった。地元広島ではすでに灰山君（注・コーチ・灰山元章）が退団し、石川投手（注・石川清逸）もやめたと伝えてきた。谷川さんがカープの東京事務所は中国新聞紙社にお願いします――と連盟に届け出て、ここには浜崎君（注・浜崎忠治・浜崎巨人コーチの令弟）がマネジャーとして置かれ、地元の久森君（注・久森忠男）とともに二人のマネジャーとなっていたが、その浜崎君の俸給もストップしてしまった。久森君の場合は、石本監督が、

「マネジャーはつい悪心を起こすといけないので、契約金五万円を認めてくれ」

と谷川さんや私の許可をとっていたので、まだよいほうで、浜崎君にはわずか、三、四カ月で、「お気の毒だが見込みがない」と私がいやな役を引き受けて辞任してもらった。

辞めてもらっても約束の俸給は支払わねばならない。当時私は支社（注・中国新聞東京支社）の通信部長、自分本来の任務があるうえに無報酬の雇われ代表という肩書きでも代表は代表、毎日のように支社で顔をつき合わすのだから、たまらない。池田勇人氏（注・広島県出身・のちに内閣総理大臣）の門をたたいて東京後援会長に就任していただき、池田さんの知恵とご支援を得て一カ月二万円ていどの後援会員をつくってもらった。その顔ぶれは増岡登作氏、久保谷唯三氏らであった。ところが退団した灰山君が上京して「未払いの俸給を支払ってくれ」と広島組が一人ふえた。そのうえ石川投手も私の宅に来て、「汽車の

中でスリにやられ、無一文、オーバーまで盗まれた」と無心である。聞いてみれば、どれもこれもお気の毒。この人たちの未払い給料は毎月前記の人たちを歴訪して集金し、だいたい四、五カ月かかってキレイさっぱり片づけた。いちいち領収証をもらって池田後援会長に収支を報告、地元広島にはその結果をことごとく報告したのであった。ひところ浜崎君と灰山君に毎日のように、私の支社部長席のかたわらで陳情を受けたのには実のところホトホトまいってしまったものだ。

こんな状態では、ながくはないと池田さんに相談し、さらに佐藤栄作さん（前蔵相）にもお願いしてカープの事業として専売公社のたばこの箱の印刷会社を計画、トントンと話は進んで公社まで書類は回ったが、世の中そう甘くない。既存会社の反対があるらしく、とうとう公社で握りつぶしのかたちになってしまった。それでは、公社のPRとしてカープに支援させようと談じこんだが、専売カープでもあるまい——と断られてしまった。このころ地元広島ではウイスキーの寿屋（注・のちのサントリー）に相談を持ち込んでいたようだが、これも「カープがパ・リーグに転ずるなら……」という条件が出されてオジャンになっていた。おぼれる者ワラをもつかむの心理はあらゆる面で露呈された。とうとう、最悪の日が来た。連盟からの呼び出しである。社長檜山袖四郎氏（当時県会副議長）

は当時池田蔵相秘書官であった大平正芳自民党代議士（現官房長官）とともに、私の案内で木挽町《こびきちょう》（注・東京・中央区）松竹別館の連盟事務所に出頭したのである。

身売り寸前に後援会

すでに連盟には各選手から、欠配の状態が届けられており、解散か、合併かの議がひそかに進められていた。合併の場合は大洋とすることも打ち合わせられていた。白石君はじめ、主だった選手は内々、大洋との間に解散の場合の手はずまでが完了している――と伝えられた。だから檜山社長、大平秘書官（蔵相代理）や私の前での連盟当局の発言は極めて強硬であった。矢面にたった檜山さんはまことによくがまんされた、と思うくらい終始低姿勢で「相すまぬ」の連続であった。「解散されたらどうか」「合併も一つの方法だ」「資金がなくてやる事業じゃない」等々いずれ役員会を開いて決定しますと、もうよりすがるすべなく、連盟を辞去したのである。いうなれば引導を渡されたのであった。いま思い出しても檜山さん個人として今後においてもあんなブベツを受けられることはあるまいと信ずる。三人を低頭させた連盟事務首脳者は二人。いまではセ・リーグには在職しない。

檜山社長帰広直後、役員会は大洋との合併を決定した。私が現山本中国新聞社長の命令で、その使者として鈴木会長を大阪にたずねるべく、急きょ東京を出発した。その夜、急転、後援会を結成して存続せしめることになった。起死回生の広島県市民の奮起は、カープ十年史の伝えるとおりである。大阪駅に下車した早朝、宿舎で鈴木会長に会い、

「存続することになりました。なんとかご支援を得たい」

と申し入れたとき私は不覚にも目頭を曇らせた。続いて甲子園球場選手控え室でトーナメント参加のため参集したカープ選手一同の前で、再び会長が、

「存続することは喜こばしい。諸君も苦しいだろうが、がん張ってください」

と激励の言葉を送られたときには、もう完全に両眼は涙にぬれていた。感激とはまさにこれをいうのだろう。

帰京すると間もなく、味日本（注・本社広島市）の小川真澄さんが後援会長に就任され、また、毎日新聞を定年退職された渡辺謙之氏が支配人になった。渡辺さんは代表も兼ねられるということであったので、ヤレヤレ、これで肩の荷が降りた、と思ったが、わずか二、三カ月間くらいで辞任されてしまった。連盟に登録されずに、辞任されたので、檜山さんは元連盟役員として今日でも処遇されているが、渡辺さんにはそれがない。ゴタゴタの最

中ではあり、事務当局の手落ちではないか、と思う。

後援会が誕生した――といってもその日からカープが楽になったわけではない。渡辺さんが提供した毎日新聞退職金の一部も返還されず、定められた俸給ももらえなかったと渡辺さんがのちに私にもらしていたからだ。しかし月を追って後援会は増大しようやく軌道に乗った。中国新聞社を中心に小川さん、石本監督らの熱心な努力のおかげであった。

このころカープを吸収合併する予定であった大洋はこんどは松竹を吸収合併することに話が進んでいた。監督は小西得郎氏であった。大谷社長が見切りをつけてしまったからだ。

球団が合併する場合、吸収される球団の選手は自由となる――という一項が協約にある。

そこへ目をつけたのが石本監督。カープ創立以来最初の大がかりな選手獲得準備が始まるのである。

第二章

小鶴ら四選手獲得、「赤嶺旋風」吹きまくる

きのうまでの文無し苦難はどこへやら、カープの補強こそ再出発を飾るもの——と、地元広島では石本監督を中心に基金集めが開始された。石本監督は上京して、

「この三人は赤嶺グループ、そこは極秘に手を打って下さい」

と私にささやいた。三人とは、いうまでもなく、小鶴誠、金山次郎、三村勲の諸君であった。赤嶺昌志氏（注・1947年・昭和22年、中日ドラゴンズの球団代表を辞任し、11人の選手を連れて退団。以後移籍問題などで球界を騒がせ赤嶺旋風を巻き起こす）はプロ野球では元老、中日以来、赤嶺旋風の代名詞まで生んだ有名人。セ・リーグを去ってから、現在ではコミッツョナー機構参事としてプロ協約起草の委員としても知られている。前記三君は赤嶺氏と行動をともにしてきた、いわば盟約の一派であった。私はさっそく準備行動にうつった。連絡はいっさい電話、それも変名とした。いつどこで、ほとんど連日のように下打ち合わ

せの二人会談が続いた。愉快ではあるが、いっさい経費は私の負担。カープから送ってくるわけではなし、いささかまいったものであった。

いよいよ大洋は松竹を吸収合併した。前記三君は予定どおり自由を宣言、赤嶺キャプテンの指示どおりの行動を開始したのである。当時鈴木会長は三人組のバックがだれであるかも知っていたし、カープに黙契があることも承知していた。しかし、三人が三人ともカープにはいってはあまりにもみえすく。先輩として後輩の私に味方になってくれる気持ちはわかりすぎるくらい感受できたが、連盟会長の立場から公正を期したいのだろう。

「河口君、小鶴君一人は国鉄に渡さないか……」

となかば相談的に申し入れてきた。こうなると、また赤嶺氏と相談である。委員会が設置されて、型のごとく三選手の意向が聴取されたが、すべてカープ、と予定のコースを真一文字につき進んでくれたのである。こうした、委員会などで、時日を食う間に、赤嶺氏は、

「私たちの仲間でロビンス交通というタクシー会社をやっているが、そのタクシーを新宿駅構内タクシーにするよう運動してくれ」

と依頼があった。付帯条件とは思わなかったが、それらしく感ずるのは致しかたがない弱身である。これもカープ補強のためとムダ経費を投げ出したものである。後日、某氏は、

「赤嶺氏は当初大洋、国鉄にも三人組を提供する。そしてある種の条件を出したがいずれも断わられたので、カープにオハチが回ったのだ」

と聞かせてくれたが、これが真実とすれば、なかなかの策士と思ったことである。

ともかくも結果は当初予算より増大して三選手はカープに入団したが、同じグループで大洋在籍の片山投手が「私もカープにいきたい」となって結局、片山君は抱き合わせとしてまた予算がふえた。しかも大洋球団首脳と感じの悪い思いをして移籍交渉をしたのだが、もうここまでくると、どうでもなれの度胸がすわって、ずうずうしい存在となってしまった。かくしてこのときを最終とする赤嶺旋風は静かに幕をおろしたのだが、予算の増大に四苦八苦したのはだれでもない石本監督その人であった。四人しめて何千万円なり。この総金額は遂に石本氏は私に聞かせなかった。石本さん……当時東京での楽屋裏はこのとおりだった。

一しゅうされた「赤嶺代表案」

赤嶺グループ四人組の入団でカープはプロ球団らしい水準にハネ上がった。私の任務も終わった。ここらが潮時と決意したのである。石本監督が公式に赤嶺氏にあいさつするため上京したとき、私は西銀座の「富久むら」という小さなおでん料理屋に、赤嶺氏を招いた。上座に赤嶺氏、私は石本監督と左、右に分かれて座を占めた。あいさつが終わったとき、私はやおら、口を開いた。

「カープもおかげで立派になりました。についてはもう新聞記者が、宮本武蔵の二刀流でやってはおかしいし、できもしない。あなたのようなベテランにぜひカープの代表をお引き受け願いたい……」

と正式申し入れをしたのである。

このころ石本監督は登記こそしていないが、球団常務という肩書きをもっていたので、あとは小川真澄氏のＯＫをとればいいのであった。石本監督も、私の申し入れに賛成してくれた。赤嶺氏はやや考えていたが、

「河口さんが引き続き球団に残ってくれるなら、お引き受けしてもよい。また、お引き受けしても二年間かぎりにしてほしい」

と最初の条件が提示された。私は、

「球団に残るとか残らないかは別問題で、私の本来の任務がある。しかし、従来どおり球

団関係いっさいの連絡は新聞社でやらせてもらう」

と述べて、この点は了解された。さて待遇の問題ですが……と口を切ると、

「球団代表の月俸はマア十万円で結構。二カ年分さきにお渡し願いたい。私にも都合がありますから……」

という指示であった。私は石本常務の顔をチラッと見た。石本常務は、

「いま手元には持参していない」

と、その顔色には、

「困った」という表情がありありと出ている。これはまずい――と思った私は、

「石本さん、ともかくさっそく帰広してみなさんと相談してください。私は一応これで代表を辞任し、あす、連盟に正式届け出をします」

とその場をつくろい、あとは食事となって、会見を終わったのであった。

石本監督は即夜帰広した。その翌日、足どりも軽く、連盟に鈴木会長を訪ねた。

「先輩、あなたのいわれたように私はプロには進まない。きのう石本監督立ち会いで、新代表に赤嶺氏をお願いした。ご了承を願いたい」

と届け出たのである。ところが、どうだ。私の言葉が終わらぬのに、青天のヘキレキ、

「ダメだ。連盟は認めない。強行すればカープを除名する」

とエライハナ息である。

「なぜですか」

と反問すると、

「四人組がカープに入団して、いままた赤嶺君がカープ代表になったんでは、すべて計画どおりと世間は断定するのみか、ある事情によって、赤嶺君の代表就任は認められないのだ。君の立ち場もあろうから、私が赤嶺君と会って本人から辞退させる」

と、もうどうにも話に余地がなく、私は、

「ハアそうですか……」

とポカン、として連盟を辞去したのであった。せっかくの名案も一しゅうされてしまった。このことはすぐさま、石本監督に通報したのであった。

小鶴に勇退を求める

赤嶺氏推選を一しゅうされたのは私として大誤算であった。果たして二日後赤嶺氏から

電話があり、会見となった。赤嶺氏は、

「せっかくご推選を頂いたが代表就任は辞退いたしたい。また、平重役としてカープにはいるわけにもいかない。あしからず」

ということであった。私はあえて「理由は……」とは聞かなかった。大要は鈴木会長から聞かされていたからで、それ以上追いかけることは失礼と考えたからである。

「残念です」

と私は一言述べて会見を終わった。ところがあとでわかったことはこの会見の当日夜、赤嶺氏は西下、広島に石本監督をたずねた。そして、小川会長とも会見した。どういう用件であったかは私には知らされなかったが、石本監督退団後、あの温和な小川さんが、一カ年にわたって苦しんだ事実を知った。プロ裏街道の一秘話というべきか。ともあれこの補強によって、万年ドンジリのカープは一躍四位にジャンプしたのだからたいしたものである。その四人組もいまは昔、三村君去り、片山君去り、五十一本本塁打の大記録者小鶴君も勇退して、ただひとり金山君がコーチとしてカープにある。プロの道のいかにきびしいかを如実に示しているではないか。

最後に勇退した小鶴君についてはここでいささかふれておきたいことがある。小鶴君の退団はあれだけの大選手。勇退――ということに話をつけてくれ、と私は命令をうけた。

　下話は同僚の金山君がつけているというので、忘れもしない、中国新聞支社応接室で、私と白石監督、金山コーチと三人で小鶴君と会った。白石君はあのとおり一言も口をきかない。代表たる私と、小鶴君の間答に終始した。小鶴君の言葉を再録しよう。

「勇退といわれるが、クビじゃないですか。私はまだまだやる気だ。それにしてもコーチになってくれ、くらいの話はあってもいいと思いますよ。私は求められて入団した選手。ご覧なさい、拾われた選手が残っているじゃないですか。私よりさきに整理さるべき者がおる、ということです。それに広島閥に固まりすぎている」

　この言葉を聞いて、こりゃいかん、下了解《したりょうかい》などてんでできていないことを知った。白石君は下をむいたままである。そこで私は、

「マコちゃん、なかなか痛いところをつくじゃないか。しかし広島閥は偶然だよ。そうとられないために金山君をコーチにお願いしているんだよ。僕も白石君もマコちゃんの忠告はよく胸にたたんで今後是正してゆくよ。だがマコちゃん、君をコーチにとは一度は考えたが、君の性格からしてむりじゃないかな。それにサラリーはダウンするし、それより大選手らしく勇退ということに私たちはお願いしたいのだ。それにロビンス交通の重役とい

うイスがあるじゃないの……」

小鶴君は、

「よく考えてみたいし、相談する人もいる。場合によっては僕の気持ちを新聞に発表したい」

といったのだが、性格温和な人、めでたくあの感激の勇退となったのである。片山君は故郷福岡に、三村、小鶴両君はロビンス交通に元気いっぱい活躍していることは、うれしいかぎりだ。

ただのちにわかったことだが、小鶴君の勇退についてはカープの内部にも、また、後援会側にも、賛否、両論が、はげしく渦を巻いていたことだ。代表の私が、それを知らん、とはおかしな話、といわれる向きもあるが、もうこのころは、総務会という、別な機関によって人事問題は審議決定されていたので、私はその決定に基いて、動くのみであった。従って小鶴君に「勇退」を求める、理由は聞かされていなかったが、後日開かれた、役員会の席上、松田さんは、

「小鶴君の問題について、とかくの評があるが、あれは、白石君が仕事のやりよいために辞めてもらったのだ」

と説明されて、はじめて私はその「狸由」なるものを知った次第である。

中日、長谷川に食指

小鶴君らが入団する前年には、長谷川良平選手をめぐる対中日とのゴタゴタが突発した。ことの起こりは表面、統一契約書が十二月十五日を過ぎて、当の長谷川君のところに届いた。つまり十五日前に当然届けられるべきが遅れたので、協約上、長谷川君はフリーである、というのでる。事実、契約書が十五日を過ぎて届けられた場合はその選手は自由である。なんとなれば十五日までに契約書をもらわぬ選手は、再契約せぬ、の意思表示を受けたと同じだからである。当時のカープ経営内容からいって、長谷川君が安心感を持ち得なかった点、それに故郷が愛知県半田であり、郷里の中日ドラゴンスから強く望まれていたことなどからすれば、むりもない一つのチャンスとされたのは見逃がせない事実である。しかし長谷川君はカープにとってエース大黒柱である。このことを理由に自由選手として退団されてはたまらない。石本監督は苦悩した。このときである。同業の関係から山本中国新聞社長（カープ代表）が名古屋の中日本社を訪れ、長谷川君の引き抜きを断念させたのである。が私はこの問題のため、中日代表の故中村三五郎氏としばしば新聞紙上で論争したものであった。しかしこの事件には裏があったのである。石本監督は私にこういった。

「河口さん、長谷川の中日希望はとても強いんですよ。これからのちにもこの問題でゴタゴタするんじゃ困るし、金もないカープ、ひとつこの条件が成立するなら、長谷川を中日にやりましょう」

といって明らかにした石本案とは、こうであった。
一、中日は大洋の小林（恒）投手を獲得して直ちに広島に再移籍する。
一、カープは小林投手の無償移籍完了とともに長谷川投手を中日に移籍せしめる。
ただし中日は長谷川投手移籍に際し金五十万円ナリをカープに支払う。つまりカープは長谷川投手を出すかわり小林投手をもらい、ほかに、金五十万円を受け取るという寸法で一石二鳥であったわけだ。なぜこうした案が考えられたか、最大の因は長谷川投手が郷里に帰りたい、ということ、第二は、当時大洋の投手として石本監督の教え子である小林投手にどうしてもカープ攻撃陣の歯がたたず、いつも1−0、2−1という1点差で負けていること、第三はカープに金がないことであったのだ。この石本案はかんじんな相手の中日が小林投手移籍運動に失敗したことから、ご破算になったのであるが、中日首脳部は、約束を履行できぬままに一応手を引いたかたちになったが、一線部隊はいま一押しと一方的に長谷川引き抜きに狂奔した結果、思わぬほどに問題がコジれてしまったのであった。事実、長谷川君の中日希望は強かった。私がポケットマネーでピースのカンを手みやげになだめにいったことがあるが、ロクに口もきいてくれなかったものだ。長谷川君もいまや輝く十年選手、あのころを思い出すことがあるだろうか。それはともかく、この事件が石本監督退団の遠因になろうとは、だれも予期せぬことであったろう。

石本監督が辞任

長谷川問題が落着した——と思った直後、現西野スカウトが突然私のところに来て、

「いま広島から後援会の幹部たちが石本問題で上京し本郷の旅館に滞在している。すぐ来てください」

との伝言であった。西野君は長谷川問題のまっ最中、石本監督が知己の間柄として個人的に手助けを頼んだ人とは聞いていた。

ドサ回りの多い、当時の公式戦で北海道遠征にも同行したと聞いたが、正式に会ったの

はこのときが最初であった。さっそく旅館にいってみると、十数人の諸氏が待っておられ、私に、

「石本監督の独断専行がはなはだしく、カープとしても困るので、こんど辞任してもらうことにする。承知してもらいたい」

といわれるのである。だんだん細かい話になっていくと、長谷川移籍を独断したのみならず、中日から五十万円受け取っている。また、小川さん（注・小川真澄後援会長）らに相談なくして会社の金を選手獲得金として支出し、会社はそのために非常な迷惑をした、と口をそろえていわれたのであった。長谷川問題は内容を知っているので、石本監督のために弁じたが、五十万円を受け取っているとか、相談せずして会社の金を支出した点については、当時の私としては（すべて小川さんと石本監督が推進していた）分明せぬので、ただ、

「ハハ……そうですか」

と聞くのみであった。

のちにわかったことだが、会社の金五十万円は借金の穴埋めとして他に支払うことになっていたものを、石本監督が事情を知らぬままに選手契約金として支出し、そのために小川さんや横山さんらが大恥じをかいたというのが主因であった。石本監督とすれば球団

常務、一刻を争う選手獲得上、急ぎ手を打ったのがなぜ悪いといいたいところだろう。問題は必要以上に石本監督を祭り上げ利用したまではよかったが、チグハグだらけの組織から、とうとう大きな破タンがきたとみるのが正しいようだ。決断した石本常務も私心はなかったとみたい。

また任せられた自身からすれば当然と考えていたに違いない。あの性格からすれば、順風満帆は逆境の前提、という反省と慎重さは出てこなかったのだろうと思う。まことに気の毒な人となった。再建の功績者石本監督が一瞬にしてたたき出される——人の世の運命は皮肉である。

後援会の人々は連判状を作り署名押印していた。もうここまで来ては止めようもない。それから間もなく広島の合宿において劇的な背番号30の監督ユニホームは白石君に譲られたのだが、よほどカンにさわったのだろう。石本氏は白石君にそのユニホームを投げるようにして渡したということだ。しかし問題はそれで片づいたわけではなかった。石本氏執筆のビラは散布されるし、「カープ代表河口を葬むれ」のビラさえ市内にまかれたのであった。

石本氏を応援する人たちも相当あったのであるが、雇われ代表の私はとんだ飛び火を受けたものであった。いためつけられた石本氏ではあったが、カープ十年の祝典には、この石本老は表彰された。これはカープ十年史において最大のクリーン・ヒットであった。企画者をたたえたい。老は今日悠々自適を実践している。が、石本さん、あなたはいま一度コーチにと、話が出たことがあるんですよ。

地方巡業こぼれ話

石本監督時代、公式戦のドサ回りははなはだ多かった。総合球場で連続ゲームをやっても地理的関係や、野球人口の点から、思うような収入は得られず、勢いギャラのよい地方進出となったわけであるが、地方の主催者は、そのほとんどが新聞社であった。北は北海道から南は九州、そして四国、北陸とひととおり遍歴した。しかしプロ野球の旅は、楽しい一面、はなはだ物憂いものである。

ことに地方ゲームは日程に余裕がないから天候次第では、相手の損害など考える余地もなく、無情なようにサッサと引き揚げねばならぬ。試合地に到達するのから、帰途まで規定によって主催者は両チームの旅費、滞在費を負担しているのに、試合当日雨天ならば

「サヨナラ」を宣言せねばならない。

こんなケースがあった。巨人帯同で、九州遠征を行ない、熊本をふり出しに鹿児島の鴨池と二ゲームは順調にすんだ。いよいよ、最後の宮崎県宮崎市である。この主催は南日本新聞社で宮崎市の方は同社支社がいっさいを引き受け、私の友人K支社長がその総指揮に当たっていた。石本監督もすでに二敗を喫しているので、宮崎では長谷川君が予定され、必勝を期していた。予定どおり現地入りをしたが、K支社長はまた派手な趣向で駅頭に出迎えてくれた。中学生のブラスバンドでプーカドンドンと大変な騒ぎであった。

宿舎にはいると、カープの選手は市内見物にも出かけず、静かに囲碁や五目ならべに時を過ごした。これがまた大変な好評で巨人と違って、カープは立派だ――と宿舎の主人が自慢のヒサゴに酒をいれ、床の間に飾ってカープの必勝を祈ってくれたものだった。

さて、私は巨人の宇野代表、石本監督、久森マネジャーとともにK支社長の招宴を受けた。宴も終わって私はK支社長と二人きりになり、引き続いて久闊《きゅうかつ》を叙《じょ》していたが、人気は物すごく、夜中まで新聞支社に入場券を求める客が殺到して、予定の二万枚が売り切れてしまったと報告があった。Kは、

「困った、困った、支社にはもう入場券がないんだ。どうだろう。臨時に支社印を押した

入場券を発行してはいかんだろうか……」

と、いうのである。なにしろ宮崎市はじまって以来の大盛況なのである。

「一応税務署に了解を求めておきたまえ」

と注意して、またまた二人はバンザイバンザイとわけもなく乾杯をやって仲よく床を並べて寝についた。私は寝る前にもう一度夜空を見あげた。星は強い光を放って輝いていた。

朝五時、ピシャピシャという雨音に驚いて飛び起きた。

「オイ、K君、雨だぜ！」

K君以上に私の方があわてていたようだ。Kはさっそく床をけって窓外をみていたが、

「ヨカヨカだいじょうぶ」

とお国弁と江戸弁をチャンポンにして西郷ドンばりに澄ましていたが、雨はやむどころか激しさを加えてきた。試合時間は迫る。気象台に問い合わせると、

「一週間はやまぬでしょう」

と非情な返事。とうとうゲームは中止となった。新聞社の損害三十万円ナリ、ドッかと腰を落としたあの時のKの顔はいまだに忘れられないものがある。

白石、決勝のスクイズ

白石監督時代、こんなめずらしいケースがあった。やはり相手は巨人。四国地区における三試合で最終地松山市にはいった。ここの主催者は市会議員であり教育委員の肩書きをもつ人。

巨人二塁手千葉茂君の出身地ではあり、カードに不足はなかった。

ゲームは十二時半から開始することになっていたが、松山市にはいった夜から、野球には大禁物の雨である。主催者も当方も気が気ではない。気象関係にはほとんど一時間おきに問い合わせである。ところが松山の気象台はそのつど、

「ぜったいに太鼓判です。あすの正午までにはカラリと晴れます」

というのであった。

当日の朝が来た。まだシトシトと降っている　空はだんだんと明るくなっていくのである。問題の正午十分前、主催者の市会議員さんが、私の宿舎にようやく顔を出した。

「どうしましょう、中止しましょうか」

とフンギリがつかないようす。こうした間にも電話はしきりにかかる。

「正午には晴れる。やるんでしょう」

と、試合強行の催促だ。私はいった。

「中止するにしても、両軍チームはすでに球場にいっています。それに正午には晴れると気象台が確約しています。球場の方にはだれかいっておられるんですか」

とただすと、

「いやだれもいっていません」

というのだ。この時まさに正午。雨はピタリとやんで太陽はカンカンと照り輝いた。

「ともかく球場に行きましょう。試合はこれならやれる。球場のぐあいで中止か否かを決定しましょう」

と、二人は大急ぎで球場にかけつけた。

なんと驚くべし。このとき球場はすでに超満員となっていたのだ。私は市議さんの肩をたたいた。

「これはどうです。入場券は売ったのでしょうね」

と聞くと、

「前売りは出してありましたが、半分以上は入場券なしです。こんなことになるとは思わなかったので、整理員を出していませんでした」

とノンキな返事だ。

「入場料はどうします、これじゃ試合終了後でないと、とれませんよ……」

というと、

「出口を一カ所にしてもらうことにします」

とようやく方針はきまったのである。

さてゲームは八回まで7－0と巨人の一方勝ち。いよいよ最終の九回裏、打つは打つは、一挙カープは7点をとり一死、三塁に木村（勉）を置いて、白石君がバッター・ボックスにはいった。強打か、スクイズか――かたずをのむとき第一球、白石君は一塁線にみごとなバントをきめたのである。木村は脱兎のごとく本塁にすべり込んだ。ゲームセット。8X－7と逆転勝ちをしたのであった。生涯忘れられない感激のシーンであった。

ゲームには勝ったが、さてあとが悪い。「出口は一個所です」と放送したから無礼組は横の土手から逃げ出す始末だ。宿舎に帰ると市議さんはそれこそ平グモのように畳に額をつけて、

「相すみませんが、ギャラをまけてください」

という。事情はわかるが、手落ちは主催者側にある。私は無情のようだが断わった。結局分割で妥結したのだが野崎マネジャーがそのために汗をかいたのを覚えている。この道後の宿は夏目漱石先生作「坊っちゃん」の舞台になったところ、私と市議さんのやりとりを漱石先生ならどんなふうに描写するだろうか、思い出すごとにおかしさを禁じ得ない。

門前、大沢を獲得

小鶴君ら四人組の補強は実に後援会一本で実現された。広島としてはその員数において、金額において最大かつ画期的なものであった。しかしこれだけでは満足できなかったが、そうそう後援会にのみ依存はできない。カープ創設の委員長であり役員である山本正房中国新聞社長や伊藤信之広島電鉄社長らは、こんどはおれたちの手で——と当時カープの会長であった永野重雄氏（富士製鉄社長）にその協力方を陳情されたのであった。わざわざ上京しての陳情であったから本腰であったわけだ。

それには目当てがあった。阪神、大洋と転じた門前君が広島入りを希望していたのと、大沢君（当時一塁手）の二人が金さえあれば迎えることができる実情にあった。もう一人、

東急の外野手長持栄吉君も広島入りを私まで申し入れていた。長持君とは蔵前の大相撲春場所でバッタリ会い、

「どうだ、広島に来ないか」

と口をかけたところ一言のもとに、

「よろしく頼みますよ」

とOKを出した。さあ金だ、と思っているときに、山本社長から、

「永野さんに頼んである。あとは君がやってくれ」

とのことで、まさに渡りに舟。水野さんとは新聞取材でしばしばお会いしてはいるが、さて、金をもらいにいくとなると足は重い。それでも勇を鼓して、お会いすると、

「大変だネ、両社長が先日来られたよ。しっかり頼むよ」

と名刺に何やらスラスラと書かれた。

「さあこれを持って行きたまえ」

といわれるので、拝見すると私の紹介状だ。あて名は某筋。カンの悪い人間でも、この仕組みはわかるのだが、金額が明示されていないので、その点をただすと、

「八十万円ていどにして置きたまえ」

と無造作にいわれた。さっそくその会社にいくと、

「よくわかりました。いま電話しておきますからこれこれのところへいってください」

とあった。

つまりここは一つの連絡機関。終着駅はその奥にあったわけだ。やれやれと思いながら、全然方角の違う隅田川畔の某会社にたどりついた。ここで金八十万円ナリを頂戴した次第である。行きは重く帰りは軽く——といった調子で、帰社すると、

「大沢、門前が東京の宿舎にいっている。六十万円を渡せ」

の命令である。本郷の宿舎で、契約金一人三十万円あて手交《しゅこう》した。めでたく両選手はカープのものとなった。残金は広島に送ったのだが、契約金はいらない——と思った長持君に五万円の支度金を渡さねばならなくなり、これには大弱り。池田さんや増岡さんにお願いして、やっと片づけたのであった。

補強はいよいよ意欲的となった。

東洋工業の松田恒次氏が、

「銭村の弟がなかなかいいようだ。二世をとるのも人気をあおるうえにいいだろう」

と令兄が会社に勤務している関係からトントンと話は進んで、カープとしては初めて、

銭村兄弟（注・ハワイ出身、健三、健四）という二世選手を広島に迎えたのであった。しかも給与の一部に対して松田さんが責任をもたれたのはうれしいことであった。

新日本リーグ誕生のころ

こうした補強協力は、できる者がやってやろう、という思想を固めていった。のちに財界十社が再建に乗り出す一つの機運を作ったといってよい。銭村の弟は、実にすばらしく、セ、パを通じて評判となり、ことに巨人の水原監督はほれ込んでいた。これがきっかけとなって、ベン光吉、平山智の諸君が相次いで入団したのだが、気候風土が異なるためか、永続きせず、いまに気を吐いているのは、トランジスター平山君一人となった。私の息子などは、平山君に「コマネズミ」というニックネームをつけて、あの俊足にはヤンヤと拍手を送るのである。ガン張ってもらいたいものだ。

このころ二軍選手の育成になんとか手を打とうではないかと、セ・リーグ内に議が起きた。都合のよいことには、森永製菓がプロ野球を利用して、事業の宣伝をしたい、と申し込んでいたので、一軍では容易ではないが、森永がプロ二軍を育成する気持ちで協力されるなら、一ハダぬいでもよい。大都会では宣伝の意味も薄いが、一軍のいかない地方都市を専門にやるなら効果があろうと提議したところ、万事ＯＫとなった。さっそく新日本リーグと命名し、初代理事長に私が推選され、私のもとにセ・リーグ総務故小島善平君と、法大からセ・リーグにはいったばかりの前カープ・マネジャーの武沢君が配属されたのであった。

実をいうと、セとしても、パに対してもなんとかアッといわせたい、という競争意識から、この新日本リーグが生まれたもので、私が理事長に就任したのも新聞関係にあることが、便利であったからだ。というのは、地方ゲームはすべて、地方紙に主催を一任する建てまえであったからだ。つまり森永が広告を依頼している、新聞社が対象になったのである。ほとんど全国に及んだが、ありがたいことにどこの社長さんとも中国新聞と盟友関係にあり、苦労の多い割りに楽しく仕事ができた。約二カ年におよんだが、武沢君はよく働いた。器用な人で、人手がなければ、審判もやり、じょうずであった。

西野スカウトが育成局長になる基礎は実にこのリーグが縁であった。

「私を二軍のマネジャーにしてください」

と買って出てドサ回りがはじまり、出先で武沢君と相知ったわけ。武沢君をカープにスカウトしたもので、この武沢君が西野君とともに名二塁手小坂佳隆君を法大からスカウトしたのである。将を射んと欲すればまず馬を射よ――のコトワザがあるが、武沢君をキャッチした西野君の功績は認められてよい。

武沢君をカープに迎えるについては順序があった。鈴木会長、小島総務の了解を求めることであった。会長の方は一言ですんだが、小島君の場合は本人がカープ入りを希望してちょっと困った。しかしそのために、武沢君のカープ入団に支障はきたさなかった。予定より一カ年遅れたのは、武沢君自身が藤田省三氏や先輩の了解を求めたいためで、

「一身上の都合で延ばしてください」

と同君もいったのであった。私の了解の求め方が悪いため、入団が遅れた、とひところウワサされたので、あえて明らかにしておく次第だ。

なお、新日本リーグ解消は、セ、パ両リーグ一体とする建てまえからのもので、イースタン(東部)ウエスタン(西部)のいわゆる二軍リーグが結成されたのだが、イースタンの方は、自由組織を希望する球団もあって、解体、今日では、ウエスタン・リーグのみ存続している。ウエスタン加盟球団は次のとおりである。

セ・リーグ側　中日、阪神、広島

パ・リーグ側　南海、阪急、近鉄、西鉄

第三章

思い出す小島君のこと

セ・リーグ総務、新日本リーグ総務として、小島善平君は、全くのプロ野球人であった。日本野球連盟時代のいわゆる苦難時代から、鈴木竜二氏の片腕、となってきた人だ。人のよい関西人で、活弁から、プロ野球に投じたもの、全国の各球場に、いわゆる「プロ野球」の幟《のぼり》をかついで歩き回り、第一線の宣伝にこれほど功績のあった男はあるまい。プロ野球がはじめて日本に生まれたころは、一般からは、ロクな商売とは、みられていなかった。活弁の世界がトーキーと一変するや、同じ肌合い、意気をもって、プロ野球に投じた小島君は、ある意味で目さきのきいた人物であった。酒を愛し、酒を抱き、酒に生命を捧げた、小島君でもあった。

この小島君という、プロ野球の先輩をつけてもらったおかげで、私の新日本リーグ理事長はつとまったと思っている。小島君が、広島カープ入りを希望したのも、私との「うま」が合ったのみでなく、しっかりした本拠地をもつ球団で最後の経営に腕をふるってみたいという考えからであったのだ。関西弁で語る、忠告や意見のかずかずの中には、本当に体験からにじみ出たものがあり、私としても、大いに得るところがあった。最後に会ったのは、三の宮駅前の青田昇君の経営する「焼とり屋」であった。大阪から神戸界隈にかけて、小島君の顔は、大したものであったが、その顔を利用して、何一ツ残していなかった点は、むしろ、小島君は立派だった、と私は思うのである。

在広中に、小島君の死去を知った。そして私は葬儀委員長となった。施主鈴木竜二氏、セ・リーグ葬である。プロ十二球団、コミッショナー各界各方面から贈られた、しきびは、祭壇を文字どおり埋めて、小島君生涯の九回裏は、盛儀そのものであった。遺骸は茶毘《だび》に付された。火葬場の眼下は、神戸、灘、瀬戸の島々を一望におさめるところ、一片の煙と化しつつも小島君は、

「いい眺めだっせ、一杯やりまへんか――」

といっているような気がして、思わず私は、目頭をあつくしたものだ。巨漢も一壺の中におさまった。鈴木会長は、

「棺の中に愛用の盃をいれてやったが、あれは九谷焼でね、北陸にいったとき、僕が買っ

たのだが、小島君が欲しがっていたので、後日与えたものだ。それがどうだ、火熱のため真二ツになっているが、色はそのままだ。小島も盃を抱いてチビリチビリやりながら三途の川を渡るだろう」

といったときには、みんな思わず涙したものだ。心から寂しく感じたのは、鈴木会長であったろう。もう、小島君のような野球人は出ないかも知れない。名物男であった。小島君の冥福を祈ってやまない。遺家族の人たちの健在はなによりである。

降ってわいた比島遠征

二軍育成に共鳴されたのは地元では東洋工業の松田さんであった。二軍にかぎって、その年間給与として、三百万円ずつ補助された。実のところこの三百万円が苦しいカープにとっては干天に慈雨で、全体の選手給与のやり繰りに利用されたものである。いま一軍に名をなす何人かはこの給与のおかげといってよい。

あらゆる方面の協力、そして補強でカープの世帯もいくぶん楽になり、その試合ぶりも熱を加えて、ファンの熱狂はいや増した。ぐあいが良くなるときは妙なもので、うれしい

ことが続くものである。故松本滝蔵氏が、突然来られて、

「どうですか、カープもひとつ海外に羽をのばしませんか。戦争も終わった今日、お互いの感情をやわらげるにはスポーツくらい適切なものはない。日比親善（注・1954年・昭和29年、訪比選手団出発）は賠償問題もあるのだし、もっとも有意義であると思いますよ」

と降ってわいたような話である。松本氏はアマ関係の権威で、プロにはノン・タッチであったが、氏、年来の東南ア政策からこの構想が生まれたものと思われた。話は順調に進んで、選手は滞比中のお手当てまでもらえることになった。人員は総計二十四人として、選考された。すべての手続きは広島と連絡をとって私が担任した。ところがかんじんの団長が決まらない。この話が持ち込まれた当初から代表ではあるが、私は一人でも多くの選手をと希望して辞退した。しかし団長がなくてはどうにもならない。あっせん役の松本氏はその立ち場上、団長にはなれない。

　当初、前中国新聞社長の故山本実一氏があげられた。それは原爆都市広島の言論代表として比島大統領に親善のメッセージを手交するという国際的演出が考慮されたからであるが、山本前社長は固辞され行き詰まった。広島はこの団長決定に腐心したのであった。どうしても新聞社でなければ意義がないとなって無理押しつけに当時専務であった現社長、

カープ代表の山本正房氏に白羽の矢がたった。もうこうなると辞退のすべもない。しかし山本氏の母堂は強く反対された。そこを説得して渡比を引き受けられたことは、山本家としては画期的なことであったと思う。私はさっそく壮行会の準備にかかり、永野会長にお願いして盛大な宴を催していただいた。いよいよ出発の朝、団長以下、中国新聞運動部の津田記者、白石監督ほか全選手は、オーバーのエリをたてて日比谷公園で記念撮影をした。羽田空港は浜井市長など花束を贈ってにぎやかであった。一日後にはシャク熱の真夏である。ゲームは比島最強のシュガーチーム（砂糖会社のチーム）に一敗したのみ。親善の実をあげて帰朝、祝賀会はジューキミシンの山岡憲一氏が引き受けられて盛会を極めた。これがカープはじめての海外遠征となったが、いまや当時のレギュラーの半数以上は姿を消している。プロの世界のきびしさがうかがえる。毎年夏になると思い出す。あの竹皮製のパナマ帽。いまに愛用しているのは、前国鉄代表の森三郎君一人である。

ビン投げ事件で大騒動

選手も洋行がえり。ファンの熱狂はいや増してゆく。あの総合球場のカンカン照りにもかかわらず相手が巨人ともなれば超満員となった。が、ここに熱狂の余り大事件が突発した。対大洋戦のポール事件もそのカープ愛の現われだが、カープ首脳陣を驚かせ、私もとうとう腹を切らねばと辞任してその責任をとる覚悟をしたのは、巨人木戸投手に対するビン投げ事件であった。

この日はなんと最悪の日であった。ゲームはリリーフした木戸投手に押えられ一敗地にまみれた。私はすごすごと事務所に引き揚げたが、トタンに、木戸投手が大けがをした、ファンがビンを投げたとの知らせがあった。木戸君は大内病院にかつぎ込まれ、二、三針縫ったが負傷個所がヒザ頭で当分ゲームには出場できないとの診断であった。凶器となったのはラムネのビンで、カープ敗戦にカッとなった一ファンが、スタンドのコンクリにビンをたたきつけ鋭く割れたその破片を木戸君に投げつけたというのであった。木戸君も運が悪かった。ゲームが終わって、両軍ともダッグアウトをあとにしたが、一番最後にただ一人となって引き揚げる途中にこの災難にあったのである。チームに随行していた巨人の佐々木重役は私とは友人仲間だがひどく興奮して、

「もう広島には来られない」

と大変な剣幕であった。陳謝もとうてい受けつけてくれないのであった。夜になると、

鈴木会長から電話があり、

「対巨人のカードに関しては、次回は試合地を広島以外とする」

と連絡があった。

ビンを投げたのはファンだが、本拠地としての責任は代表たる私にある。連盟の裁定もやむを得ないと各重役に了解を求めたが、伊藤社長は、

「広島の名誉にかかわる。あくまで了解を求めるべきだ」

と声涙ともにくだる訓示をされたのであった。その了解運動が開始され、私はまず巨人品川社長を訪ね、

「私が辞任しますから、ご寛容に願いたい」

と宇野代表立ち会いで申し入れたが、

「あなたがやめてすむ問題じゃない、犯人を出したまえ」

と強硬だ。品川さんはいい人だが、いかぬ、となったら一歩も引かぬ。むかし東京七軒町の署長時代に全署員から排斥を食ったほどのガンコ親父だ。近くは水原監督に、

「謝れ、水原ッ」

と一カツを食わせた社長さんである。

これはいかぬ、と広島からは山本代表や伊藤社長が上京して、品川さんに陳謝されたが、あたまごなしにどなり散らされて、手を焼かれたものである。在京の郷土出身諸名士、賀屋興宣、野村秀雄、永野重雄、池田勇人の諸氏も動いていただいたが、交詢社でたまたま賀屋、野村の両氏と私が鳩首協議していると佐藤栄作さん（前蔵相）が来訪し、

「ビンの騒ぎも大変だネ」

と驚いたほどであった。結局は犯人を捜せ、と田中好一氏の厳命で広島所轄署の活動となったが、騒ぎは拡大する一方、このさなか、

「私がビンを投げた、そのビンが木戸君に命中したかどうかは知らない」

と二人のファンが警察に出頭したのである。犯人を買って出られた、と私は今日でも信じている。万事は解決した。広島であればこそと思う。拙作、

「代表はビン一本で青くなり」

は当時の私の本音である。

「市民球場」建設の声

表面順調のように見えても、カープの台所は苦しかった。ゲームごとにエキサイトするくらいファンの熱度は高まるが押せ押せに来た借金は、いよいよ累積して、実のところ借金のために働いているようなぐあいになっていた。啄木の歌ではないが「働けど働けど楽にならざるわがカープ」であった。

補強によって、給与額はすでに増大しているカープにとって、いまにして何らかの手を打たねば今度こそ身動きもならないドン底が眼前に迫っていた。その方策の一つとして市の中心地にカープの本拠地球場を新設することが考えられ、市議会の任都栗司、池永清真氏らが中心となってひそかに候補地の物色がなされていた。

浜井市長や大原知事、磯崎国鉄理事（当時広鉄局長）林興一郎氏らもその相談に乗っておられた。最も熱心に推進されたのは任都栗司氏であった。当時自民党県連会長であった肥田琢司氏にこの問題が持ち込まれ、肥田会長は「県連の仕事として実現を期す」と割り切られたので、球場問題はにわかに前進したのであった。

この裏づけに勇躍した任都栗氏は中川自民党代議士の協力を得て、東京の石本建築事務所にその設計を依頼した。市当局の裏づけもなく任都栗氏が個人責任において依頼したことは、まかり間違えば個人負担となる危険を承知のうえであった。この設計には鈴木会長、小西得郎氏らの知恵をかり、私は白石監督の意見を求めたりして参考に資したものである。

候補地が決定した場合はどうするか、とはや手まわしに一流建設会社に相談が持ち込まれていた。地元ならば藤田組と意見は一致していたが、藤田さんは他に請負仕事もあり、立て替え工事ともなればおそらく引き受けまいと、その方面の情報も集められていた。

盟友球団中日もこの動きを察知し、中日の客員であるA氏が私のところに来られ、

「中日スタジアムは熊谷組にやらせたが、この組なら五年として十カ年賦でやってくれるよ……当スタジアムもその手で実現したのだ」

と好意ある知恵を授けられた。このことを任都栗氏に報告すると、

「私の方にもあるが、経験のある組の方がよいから、それに内定して関係者の了解を求めましょう」

となったのである。肥田会長も、

「熊谷組なら文句はない」

と賛成されたのであった。

ところがそのころ広島市比治山に、仏舎利塔建設の議が進められており原爆殉難者の霊をここにおまつりするというのが眼目であった。ついては、ひとつ熊谷組がこの立て替え工事を第一着手として引き受けてくれるだろうか、という話が私にもたらされた。熊谷組は一言のもとに引き受けた。

そぼ降る雨の日、盛大な式典が行なわれ基礎工事が、なされたのは周知のとおりである。いろいろな曲折があって、その工事は基礎のまま放置されているのは寂しいが、実情は私の関知せぬところだが、結果においては好意を示した熊谷組は二兎を追いつつ、空しく手を引くことになったのは気の毒なことと思っている。

株式会社広島カープの設立

球場問題が自民党県連の仕事となると、自民党の面子にかけてもと肥田会長を先頭に、中央政官界に猛烈な運動が展開された。この動きにマッチして広島財界もようやく腰をあげ、まず東洋工業の松田恒次氏は、

「広く建設資金を募集しようではないか。名古屋城再建にきょ金箱（注・拠金・何かを行な

うために主に金銭を出し合うこと）を用いているが、あの手はおもしろい。市内のあらゆる料亭、飲食店、キャバレー、喫茶店、理髪店などにその箱を置いて、一カ月ごとに集計し、そのつど、どこはいくらあったと中国新聞で発表するんだな。この方法は競争になるから効果があるよ。その箱はぼくが寄付しよう……」

とまで語られたことがある。夢多き楽しい時代であった。

球場敷地獲得の運動は休みなく続けられていたが、一般の人々からみれば雲をつかむような感じであったのだろう。時日がかかれば、そろそろ悪評も飛び出して来た。私には「政治家の手先になって、できもしないことにうつつを……」となかなか手きびしいのであった。いつの時代にも、こうしたことはあるものだと承知しつつも不愉快極まるものがあった。この悪評がしきりに飛び出している、ある日松田さんが、

「どんなにテコ入れしても、こう借金があっては、カープの前途はアカン。一つつぶそうやないか。その下話はしてあんのや。いかんかったら何べんでもつぶすことや」

とさすがに事業家らしく、至極淡々と構想のほどを明らかにされた。私は意見を述べた。

「県、市が承知されているのなら、問題はありません。しかしつぶすのは一度だけにしてください。カープの名を残し本拠地をあくまで広島とするためには……」

と、お願いしたが、松田さんはニヤッと笑って答えられなかった。松田さんの構想は断行された。商法上カープは完全に解散したのだが、間髪をいれず、広島野球倶楽部は広島カープとして届け出られた（注・1955年・昭和30年12月19日）。

この断行の日、私は東京に帰っていた。球場問題陳情で任都栗氏も上京し、中国新聞支社で懇談していると、ドヤドヤとスポーツ紙の記者が来訪し、

「カープは解散した、と広島から通信があった。事実ですか」

との質問である。私はとっさに、いよいよ断行されたんだなと直感したが、ここで、

「解散した」

と肯定したら大変である。

「そんなバカゲたことはない。ここにおられるのは任都栗さんで、新球場の設計推進のため上京していただいたのだ。もう九分どおりその設計もできている」

と逆手を用いたのである。秘密をとうとう明らかにせざるを得ないことになった任都栗氏は、

「もうこうなったら、私が責任を持つ。発表しましょう」

と、市民球場設計の大要を新聞記者に発表されたのであった。この発表で記者たちも、

逆にニュースを拾ったと大喜こびで引き揚げたのである。思えば苦しい、お芝居ではあった。つぶした旧カープは財界十社を中心に東京、大阪も加え株主二十余人で、再建の柱となったのだが、その当座、お定まりのゴタゴタが生じたのはやむを得なかった。

「広島市民球場」着工へ

カープ解散は事実借金のがれの手であった。このために広島の税務担当の責任者は左遷されたが、この思い切った手術完了と符合するように、市民球場の敷地も決定した。いうなればタイムリーであったわけだが、球場敷地実現に際して中央においては、平田大蔵次官が反対の故をもって左遷され、カープ再建のために期せずして東西合わせて二人の犠牲者を生じたことは、まことに相すまぬことと思う。功績者は肥田会長であり、任都栗氏であるのはいうまでもないが、歓喜の裏に悲劇のあったことはカープを愛する人たちとともに忘れてはならないことである。応える道はただひとつカープの前進あるのみだ。

帰広するとカープ再建の会議が開かれた。財界十社の人たちである。電鉄社長の伊藤信之氏を取締役代表に、あとはすべての人たちが取締役、そして三氏の監査役が決定された

が、この席上広島相互銀行社長の森本亨氏は立って、
「敷地は決定した。新球場はこの財界十社によって全額寄付としたい」（注・1957年・昭和32年1月14日、広島市民球場の建設資金1億6千万円の寄付の申し入れ）
とわれわれが予想だにしない画期的発言があり、満場一致決定したときには、実のところ思わず感謝に身のひき締まる思いがした。工事請負人をだれにするか、藤田定市氏も出席しておられたが、すでに辞退の内意があり、結局、郷土の球場である以上、郷土の人の手によって工事をやってもらうのがよい——と方針は定められた。のちに増岡組と正式決定されたのだが、増岡氏は過去、しばしばカープ苦難時代に陰の支援をされた方、その恩人に最後の仕上げをしていただくことになったことは、広島カープとして意義深いものを覚える。

筆者としても感無量なものがあるが、実をいうと郷土関係に請負人を選定する場合、私は増岡組になろうと信じていた。というのは、さきに熊谷組を推した中日のA氏は、

「広島の地元請負者ならば増岡組だ。増岡氏とはじっ懇だから郷土のためにお願いしておいたほうがよい」

と連れだって、お会いしたことがあるからだ。A氏もさることながら、私も教示を受け

ている者。ザックバランな話ができた。このころ増岡氏も内意を受けておられたようすで、二年目にお会いしたときには、すでに財界十社の顔ぶれの調査も終わっており、増岡氏はその調査表を手にしながら、

「顔ぶれに申し分ありませんネ」

とアケスケにいっておられたが、最後の決意は、縁せき関係にある中国醸造の白井社長の意見を徴《ちょう》して行なわれたのであった。原爆都市広島に新設される市民球場である。完成の時期についても責任を持たねばならない。まして、できあがった球場に対する批判、さらに郷土人ゆえの犠牲、あれやこれやを考慮にいれて、増岡氏はじめ組全体の人たちが慎重を期したのは当然であろう。

完成した球場は「広島市民球場」と命名され、あげて広島市に寄付、その運営は運営委が設けられて、ここにカープの本拠地球場は実現したのだが、工事は市民監視下、超突貫で進められたのである。建設資金の寄付分担は東洋工業を最高とし、他は一口一千万円から五百万円とされたが、この美挙に対しては全国の野球愛好家が借しみなく拍手を送ったものである。

ここで市民球場敷地決定に関し補足しておきたいことがある。肥田会長が中央で主とし

て交渉した人物は、馬場建設大臣、一万田大蔵大臣であった。この両相は肥田会長とは特別な関係にあり、「緑地としてぜったいに許さない」という政治方針をひっくり返したのだから、大変な骨折りであったわけだ。任都栗氏は、当時、市議会側の球場建設委員長、また、同時に、自民党県連の建設委員長、でもあり、手弁当による努力については、われわれは深く感謝せねばならない。私は、決定と同時に、鈴木会長に具申して、日本プロ野球の発展に大いに貢献したものとして、肥田、任都栗両氏に対し、セ・リーグとして、表彰状を贈ったのであった。私は当時の関係者として、また、カープ役員の立ち場から以来、今日にいたるまでこの両氏に対しては、功労者、としての礼をもって接しているのである。カープを思うとき、寸時も忘れられぬ人々であることをここに強調したい。(注・広島市民球場の入場料。指定席250円、内野席大人170円、小人80円、外野席大人100円、小人50円と決定)

つらいかな、雇われ代表

ここらでちょっと話題を転じ、雇われ代表はこんなお役目も引き受けねばならない——と、いう秘話をひとつ。ほかでもない。ある有名選手と、某選手の姉にからまる色どとの始末記である。人気選手は女性にネラわれる——とは現代プロ野球界においては、常識化するまでになっているが、男性と女性の問題は、アインシュタインの学説ではないが相対性のものだ。どちらが悪いと甲乙はつけかねるが、この話は弟の将来を思うが故に、そのよき指導を得んと、近づいたのが縁となって発展した事柄であった。問題が問題だけに、すべて匿名にさせていただくことにする。

わがカープに若き達手がいた。その姉は当時すでに両親もなく姉弟二人で生活設計をたてていたが、弟が投手であるところから、将来プロ野球において名を成すことを唯一の念願とし、しばしばゲームのため来広する某球団の某有名選手に、

「あなたの手で弟を一人まえにしてやって下さい」

と頼みこんだ。美ぼうで若き姉は二度、三度会ううちに、いつしか尊敬は恋と変わって行ったのに気がついていた。ある日のデートは二人を他人でなくした。そして月日が流れて、彼女は懐妊した。もう四カ月後には分べんである。

ここまで問題が迫ったとき、私に話が持ち込まれたのである。彼女は、

「あの人は私と結婚を約束した。そして自分には妻があるが、子供がない、ぜひ生んでくれと頼んだ」

というのである。それのみか、二人の晴れの日を待つように、市内に立派な家を借り、家具調度まで、

「主人は有名選手だ」

としてオールあと払いで納めさせたのである。がさて、そのダンナさまからはナシのツブテ。問題がようやく表面化し、かつて婦人後援会員であった有名夫人、Mさんが解決に当たったがラチがあかず、ついに私のところにお役目が回ってきたのだ。カープのN君の案内で当のダンナさまに会ったがもうこのころはその夫人も事の内容を知っていた様子だった。応接間で、

「君の子だよ、どうするの、処理するのなら少し手遅れだが、いまだ。君の名誉のためにも善処したまえ」

とさとすと、

「結婚なんか約束しませんよ、そりゃゼスチュアもありますよ」

と閨房《けいぼう》の睦言《むつごと》は伴奏というのである。そして、

「子なんかできるとは不思議ですよ。血液検査してみねば」

とさえいうのである。

「それでは生ませるかね――」

　というと、

「そりゃ勝手だ。僕が有名だから寄って来たのですよ」

　と、この色ごとは有名説の一つと断ずるのである。有名税とは支払うもの、つまりギブであって、テークではないの主義をはき違えているのだ。このときフト感じたのだが、プロ球界においてケースは違うが各選手の思想には、はなはだ遺憾ながらギブの精神に欠けたものが多い、ということである。この一文は他山《たざん》の石《いし》として、何かの資料ともなればと、あえて書きつづったものである。

　結論をいそごう。問題はその球団の代表を仲にいれて、若干の物質により解決した。私が受け取って広島に届けたのであるが、彼女は体を処理して身軽くなった直後、哀れにも病を得てこの世を去った。花の命は悲しくも短かったのである。

危い綱渡り「名称変更」

　カープ再建のための新会社は財界十社を中心に、総計二十余人の郷土出身諸名士の寄付的出資によって成立したものだが、カープ苦難当時、山本正房氏（現社長）が私財百万円を投入されたことについては、部下の私としては、まことに申しわけないことと思った。さらに、追いかけるように球場新設の寄付である。広島財界の人たちのここに割り切った崇高なる精神は、すべて郷土愛の一語に尽きる、と私は信じて疑わない。新会社が誕生した日に松田さんは、

「連盟の方はどのように手続きするかね」

と質問された。私は言下に、

「名称変更でいきましょう」

と、答えると、

「うん、それがよい」と賛成されたのである。が、私が心配するほど松田さんはリーグ関係については知っておられないとみた。ここで「至難です」とか「新たに届け出てセ・リーグとパ・リーグの了解を求め加盟金を支払うのが常識です」と答えたら、はたして局面はどうなっていただろうか。その基金のみで、何千万円かは当然必要だからである。安請け合いをした——と感じたが、会長は先輩の鈴木氏だ。ここはひとつ横車だと私は覚悟したのである。

まずセ・リーグに届け出をするため上京、連盟に鈴木会長を訪ね、正式届け出の書類を手交した。私は率直にいった。

「再建新会社の取締役となり、代表に任命された。これはあなたの年来のご忠告とは相反するが、私の親会社、中国新聞社もカープに出向を命じた。どうか私の門出として、この届け出を名称変更として承認して下さい」

と、会長は私の顔をジッと見ながら、

「ここまできたのならあくまでやれ、パ・リーグが問題だが、押し切ろう……」

と心強く、確約してくれたのであった。さっそく開かれた。セ・リーグ理事会では、私の説明で、「要領がいいぞ」のヤジがあったのみでパスしたのである。セ・リーグ理事中、新聞出身者は六人中四人までがそうであり、会長を含むと、五人となる。絶対多数のみか、各狸事が好意を示してくれた点については、いま改めて感謝をささげたい。

引き続いて、いよいよセ、パ両リーグの合同会議が開かれることになった。議長はセの鈴木会長、都合のいいこと申し分ないこの合同会議の主要議題は、新たに生まれた高橋球団（注・高橋ユニオンズ、1954年・昭和29年～1956年・昭和31年の3年間パ・リーグに所属していたプロ野球球団）の本拠地を神奈川県川崎市（川崎球場）に置くことの申請に対する可否決定にあった。川崎球場には、パはすでに大毎が準本拠地としており、セにおいては、国鉄が準本拠地としている。大洋球団がここに本拠地をうつす（下関から）ときには、鈴木会長の命で、私があっせん役となって、国鉄に対して大洋球団は補償金（参加金といったほうが正しい）を支払っている。こんど高橋が加われば、二－二となるのだが球団の社長が高橋竜太郎氏であるのがプラスして、議論は沸騰したが、ついに承認されたのであった。

この高橋問題でケンケン討論した直後、カープの「名称変更」が議題として上程された。いま思い出してもヒヤッとしたのは阪急の阪本前代表の発言であった。

「解散したのでしょう」

は、全く困ったことになったと思ったことだが、

「いや、名称変更です」

の一点張りで逃げたのであった。危い綱渡りであった。

かくして一応表面はおさまってはいるが、実をいうと、まだ前会社は清算会社として残っているのだ。税務当局が見送ってくれたのも「発展的解消」という、意味合いからであった。小さな面では薪炭《しんたん》代さえ払えなかったカープの当時である。税務当局が、連盟加盟金の差し押えを意図し、古いユニホームまで差し押えたのも、ついさきごろのような気

がする。これを要するに、広島のみんなの儀牲でき、生まれ変わったカープ、といって過言ではない、と私は信じている。

第四章

長嶋獲得へ乗り出す

広島市民球場のコケラ落しは、対阪神の初ナイター（注・1957年・昭和32年7月24日、長谷川、備前、弘瀬らが総崩れ）であったが、この日は相手の阪神はお祝い気分でノビノビやり、カープは初ナイター、新球場での最初のゲームという意識が全選手に反映して、惨敗（注・1－15）であった。鈴木会長はじめ、全球団代表を招待して花やかな開幕であっただけに、身のおきどころのないくらい小さくなってしまった。立派ないれものはできたが、中身をより充実せねばと、しみじみ心に誓ったものだ。その誓いがカープ第二次の大がかりな立大選手の獲得連動に手を染めることになったのである。

そのきっかけは、立大OBで私の後輩であるH君のささやきであった。

「長嶋をとりましょうや、本屋敷もいいですよ」

であった。紹介されたのが、立大OBのT氏であった。T氏は立大野球部創設時の投手。

東京で事業をやっている英国型紳士。会ってみると、松田さんをよく知っており「恒さん」と呼ぶのであった。これは渡りに舟と、協力を求めたが、そのときT氏は、「杉浦君はムダだ。あの人は南海に決定している。シゲ（長嶋）と錦吾（本屋敷）がいい。さっそくとりかかろう」

とこのT氏は立大野球部合宿には自由に出入りできるので、大舟に乗った気持ちでおまかせしたのであった。それには条件がつけられた。いっさいスカウトはタッチさせせぬこと。あなた（私のこと）も球団代表ということを秘すことであった。話は進んで、まず長嶋君を引っ張り出すことに成功し、T氏はH君をお伴に長嶋君を連れ、来広したのであった。駅頭に出迎えた私は、単なる知人としての処置をとった。最初に松田さんとの会見が行なわれた。が、長嶋来広の電話連絡には、当初松田さんも、

「来るとは思わなかったが」

という意外さを持たれたことと私は思う。長嶋君をかたわらに松田さんと、T氏の回顧談がしばらく続いたが、長嶋は、とみれば、なにかしらハッキリせず、ご両所の話に退屈の虫を耐えているかのようであった。実のところ、このようすをジッとみて「お義理で来たな」と直感したことであった。

のちに判明したことだが、長嶋君は杉浦君と一心同体で南海の息がかかっていたのだが、杉浦君ほど自身をハッキリさせなかったのである。広島市民球場を見学し、東洋工業から西条ゴルフリンクもみて、宮島見物と、一応の日程を終わって帰京したのだが、このときにはいっさいカープ入団については話を進めなかったのである。だがひたがくしにかくした私の身分も帰京間際には感づいたらしく、態度が急変したのであった。もちろん自分の来広が何を意味するかもさとった、と、私はみた。

T氏の活躍が、大きく窓をあけたのは事実であった。松田さんは決意された。一挙に三人を得すべし——と、全使命を西野スカウトに命じて、折柄《おりから》のサマーシーズンを機として、三人を湘南の海浜に招き、なかばカンヅメ戦で、目的貫徹にまい進したのであった。松田さんが、総指揮のタクトをとられたのは、そしてスカウト戦に手を出されたのは、この時がおそらくはじめてであったろう。

どたん場で本屋敷のがす

湘南涌浜での三人組は、いい合わせたように、プロに関しては、一言も口を開かず、難攻不落を誇示したのであった。のちに松田さんはこの三人と東京で会見され、総指揮者として談合されたのだが、松田さんの提示された好条件に対しても、

「野球ができなくなってから、どうしようなどとは考えてもいません」

と、逃げた。さすがに気の強い松田さんも、

「あのときはグッときたよ。腹がたったが、怒っては終わりとがまんしたんだ」

と述懐されたものである。この経過はすぐ私がT氏に通じた。T氏は、

「よしそれなら錦吾一人を当方で獲得しよう。そうすればシゲはついてくるだろう」

と一策をたてたのである。

「錦吾のいうことには、最近、兄夫妻が上京する。その兄に話をしてくれ——といっているから兄を口説くカラメ手で行こう」

となったのである。ゼン立てはT氏に一任、その日を待った。
四、五日後、信濃町の野球会館で正式会見となった。兄という人はまことによく話のわかる人であった。銀座で食事をしながら条件を提示、協力を求めたところ、
「よろしい、お引き受けしましょう。だが父が難物なので、私から父を説得します」

と確約してくれたのであった。

一応成功と喜こんだのであるが、これは文字どおりヌカ喜こびに終わったのである。というのは、本屋敷家は阪急沿線で牧場を経営し、商売上、阪急に義理があり、本屋敷問題にからんで、父と兄と意見が対立、結局は父親の方が勝ったのであるが、もうひとつ決定的なパンチは当時阪急の監督であった籐本定義氏が本屋敷家を訪れ、

「カープの白石監督も了承したから、阪急に入団してくれ」

と巧妙な戦法を用いたからであった。白石監督は、こうした裏があるとは知らずに、本屋敷家を訪れ、後援会の田鎖氏や、猿丸氏などを訪れ、協力を求めたのだが、前記の事情が分明してガッカリして引き揚げたのであった。かくして、最後まで入団確実とみた本屋敷君をむなしく逸したのであった。

のちに本屋敷君はいった。

「バカをみました。カープの半分でした」

と。いまでも会うと彼の方からあいさつにくる。憎めない好青年である。本屋敷問題で芝居を打った藤本氏とはカープは妙な因縁がある。

ことし入団した中大の西山君のお母さんは、

「近鉄とカープと二つになりましたが、どちらに入団すべきでしょうか」

と最後の裁定を求めにいったものだが、この際にも、藤本氏は「近鉄」と答えている。もちろん、藤本氏が阪急を辞めさせられなかったら、阪急に入団していたのだ。西山君の場合は、岩本君の先輩としての熱心な活動と松田さんのテコ入れがついに功を奏したものである。スカウト戦は実に至難な仕事であり、おのれを捨てねばやれないものだ。それにしても人のつながりは恐ろしい。場合によってはウソも平気でいう。西山君がカープに入団と決定した日に、藤本氏は「ウン」と一言、終日やけ酒をあおっていた――という。これで藤本氏に関する限り一対一と相成ったわけである。

拝藤をねらえ

松田さんの戦法は逃げれば逃げるほど追いかける――の積極さであった。一敗地にまみれた私たちが、万事休す、と天を仰いでいるさなか、新たなる方策で長嶋、杉浦の一括獲得に全力を尽くしておられた。杉浦君の令兄をキャッチして、スカウト戦の再出発となったのである。この再出発に際して松田さんは、

「君たち手を引いてくれ」

といわれたのであった。小鶴君など、四人組の補強当時とは比較にならぬ、準備金、決意であった。この天をつく意気ごみに、杉浦君の令兄は万事を引き受けたらしい。が、結果はすべて期待と反した。令兄の話によると、

「弟は泣いて、南海入りを希望した」

ということであった。ムリもない。杉浦君も、長嶋君も南海のヒモつきであったのだ。そのヒモをストレートに押し通した杉浦君は、ある意味で立派であった。長嶋君はこのカープの猛運動にいつしか杉浦君とタモトをわかち、同君の令兄と巨人との交渉で、杉浦君より一足お先に巨人入りを決定、南悔に対しては従来の好意を返済、処理したのであったが、ひところこの問題が取りあげられて、週刊誌をにぎわせたことはファンのよく知るところだ。これを要するに、カープの猛スカウト戦が、南海から長嶋君を引き離したといって過言でない。その意味からすると、巨人はカープにお礼をいってもよいはずだ。

このスカウト戦にピリオドを打った直後、広島からの電話は「拝藤をとれ」と指示してきた。拝藤君（注・拝藤宜雄《はいどうのりお》・立教大投手）については、T氏とスカウト戦を行なっている最中、T氏が、

「拝藤ならすぐとれるが、日石に行くといっている。本人も、自分の体質からノンプロ向

きだ」

　と、いっていると話があった選手である。聞いてみると辻監督のあっせんで大洋入りの口約束をしているということであった。大洋に約束しているのなら、これは横取りとなる。いやな仕事だと、思ったことであった。立大の三羽ガラスを逸したカープ、少々意地になっているな、と感じたが、命令とあれば動かぬわけにいかぬ。本郷のカープ宿舎で、白石君と会ったさい、私は、

「辻監督（注・辻猛・1955年・昭和30年秋～1960年・昭和35年まで立教大野球部監督）に拝藤君をもらいたいと申し入れる使いは君がやってくれ」

　というと白石君もやはり私と同じ気持ちだったのだろう。

「私が行くと辻さんが必ずやめてくれというから、代表がいってください」

　と逃げられた。

　またまた、いやな役目を引き受けることになった。辻氏宅におもむき、型のごとく、

「拝藤君をいただきたい」

　と申し入れると、

「あれは大洋に決まっていますから、白石君にも手を引くよう伝えてください」

とお断わりの引導を受けたのである。

「とにかくごあいさつだけです」

と述べて辞去、折りから上京して、池袋の鉄道寮に宿舎をとっていた拝藤君の両親と令兄、そして本人の拝藤君らと私は会見した。私は口を開いた。

「拝藤君、カープに入団していただきたい。できるだけの待遇をする」

と交渉の第一段階に突入したのである。その際の拝藤君の答えは、実に立派であった。

「私は辻さんのお世話で大洋にはいります。意思の変更はいたしません」

であった。私は拝藤君の顔をジッと見て、これはしっかりした人物だ、とホレ込んだのであった。

怒った立大辻監督

拝藤君を大洋に迎えたい、と熱心に動いていたのは、立大OBの有村スカウトであった。そのころの大洋内部は「ぜひ拝藤を迎える」とした有村君と、全然いらないとする一派と、どちらでもよいとする三つドモエになっていた。従って有村君一人で交渉を続け、球団重役はだれ一人として拝藤君に接していなかった。

私は辞去に際して、

「プロにはいれば球団内部事情でひと苦労するものだ。何か心に余ることがあったら、僕も立教に関係をもつ者、相談に乗ろう」

といったのである。いまにして思えば、この一言は拝藤君の心を大きくゆさぶったらしい。一夜あけた翌日、拝藤君は、

「カープのお世話になります」

と申し入れて来たのであった。当時の私の気持ちはうれしいのと、大洋にすまぬの良心が相からんで、妙なぐあいであった。この拝藤君がデビューすると、大洋キラーになったのだから、当座は気の毒がさきになったものだ。しかし逆に拝藤君がＫＯされるんじゃ困る。試合のつど、心の中で「拝藤ガンバれ」を念じたものである。

拝藤君が入団した以上、正式に辻監督にあいさつをせねばならぬ。即日、拝藤君の令兄を伴いウイスキーの手みやげをもって、池袋の辻監督宅を訪れた。

「どうぞお上がりください」

と応接室に通された。辻氏と顔を合わすと、すぐさま、

「拝藤君がカープに入団しました。本日はそのごあいさつです」

と述べると、辻氏の顔はサッと一変した。

「帰ってください。拝藤は除名する」

と想像したとおりの場面となった。令兄はオロオロしている。お互いがにらみ合うだけだ。

「失礼しました」

と腰をあげると、辻氏は手みやげのウイスキーを、

「こんな物は持ち帰れ」

と大声でどなったのである。致し方ない。私もいった。

「持って来たものは持ち帰れぬ。邪魔だったらドブに捨ててくれ」

と。まことにあと味の悪い、幕切れであった。代表たるも、またかたいかな、としみじみ思ったことだ。辻氏の立場は、また私の立場であったろう。一年ののち、郷土出身芝浦工大監督の田部君を介して、辻氏と会見、当時の無礼を謝したが、辻氏も、

「立場はわかりますよ、いつまでも根には持ちません」

と九州人らしく淡々と語るのであった。そのさい拝藤君のよさを披露し、

「一度あいさつによこします。昔どおり指導してやってください」

と頼んでおいた。おそらく拝藤君にも伝えておいたから、その機会があったと思う。

私は時たま立教におもむく。評議員になっているからだ。中川野球部長にも、よく会う。

ある日の役員会議の節、図書館でプロ野球についての話をすることになったが、その話の中で、立教出身の野球選手を賛え、長嶋君らの契約金については、

「決してプロはバカなマネをしてるわけじゃない。すべて成算に基づく。長嶋君のそれはわずか半カ年で取り返している」

と述べ、最後に、

「プロにはいることは一つの職業だが、子弟の教育はやはり勉学一本にありたい」

と結んだのだが、以来、

「ことしは立教からだれを入団させるか」

と、行くたびごとに質問されまいっている。が、こうしたことも縁となって立教の先生方をセ・リーグファンとしたことも事実であった。

小坂、大和田を獲得

拝藤君入団とともに大物法大の小坂君も入団、威力を加えた。この年は異常な強化策がとられ実にカープはじまって以来の大量補強であった。西鉄から移籍を受けるべく、白石君と福岡で会い、西代表、三原監督と会見した。鵜狩君（注・鵜狩道夫投手）や大和田君（注・大和田明外野手）をもらったのはそのときであった。この時は投手二人外野手一人の三人であったが、当初は投手二人で打ち切る予定であった。球団員数の超過を懸念したからである。一応二投手の譲り受けを決め、博多を去る直前になって、白石君は、

「大和田という選手の面魂《つら》はたのもしい。ぜひもらってゆきたい」

と追加案を出したのである。

「君がほしいというのなら問題はない。もらいたまえ」

と大和田明君は、辞去寸前にカープ入りとなったものである。もうこのときには、三原監督は話はすんだものとして、上京のため球団事務所を出たあとであった。西代表との間で成立させたのである。

大和田君は、西鉄の豊田君とともに水戸出身、極めて気性のはげしい人物だ。三原監督

とウマが合わず三原監督は、

「広島でとってくれませんか」

といっていたくらいである。いっさいの要件も終わったので、一路東上するため博多駅から、「筑紫」に便乗すると、寝台で三原監督とバッタリ会った。

「三原さん、大和田をもらいましたよ」

というと、三原監督はニコニコして、

「いや、どうもありがとうございます」

と礼を述べられたのであった。この大和田君は昨年度、鵜狩君とともにカープの中核となり、最高の成績を収め、ベスト・ナインにまで選ばれたのだからおもしろい。カープに水があった——というのだろう。白石君の見立ては間違いなかった。まさに殊勲甲である。この大和田君はカープでは「大八」と略称され、人気者である。ことに左翼スタンドのファンからは大の人気者として試合ごとに拍手を送られている。本塁打を放つたびにもらう電気カミソリは「大八打てよ。今度はオレがもらう」とつぎつぎにナインに配給される人のよさぶりである。

この大和田君がどうしてカープに溶け込んだか、本人はこう告白している。

「西鉄時代人気選手と一般選手の取り扱いは極端なほど差異があったが、カープ合宿にはいってみると上下の区別なく、ゾウキンがけまでやらされる。これがいちばんうれしかった。ぼくは豊田と郷里をともにするが、この気持ちの良いカープで心機一転、豊田以上になろうと決意した。男をあげずに、なんのつらさげて故郷に帰れるものか」

水戸ッ子らしい立派な誓いである。ひところは怒りっぽく、バットをたたきつけたこともあったが、そうした面も監督コーチの暖かい指導で皆無となった。ことしこそ彼はさらに躍進するだろう。西鉄の西代表は、

「えらいことをしましたよ」

と私に語ったことがあるが、カープが移籍を受けて、こんな大選手となったのは、彼がただ一人。白石君が巨人から迎えられて今日監督、鶉狩君を含むと代表的な移籍三人男となるようだ。

ことしの興津に期待

選手補強はいよいよ活発となり、日鉄二瀬から古葉君が入団した。このルートは郷土出

身の日鉄の監督濃人渉氏（現中日コーチ）が白石監督の先輩としての協力であった。のちに、井投手も迎えられたことはファンご承知のとおりである。続いて、森永君（注・森永勝也・専大―熊谷組、社会人全日本の4番バッター、入団1年目からレギュラー）が、さらに関大の上田君（注・上田利治・関大時代村山実とバッテリーを組む）、専大の興津君（注・興津立雄・東都の長嶋といわれたスラッガー）と、矢つぎばやの補強である。森永君は、同君の先輩K君が私のところに、

「森永の件を委任されている」

として交渉が開始されたものだ。新宿の喫茶店ではじめて森永君と会ったが、白石君に輪をかけた無口であった。関大の上田君は徳島の出身で、西野スカウトの努力による。地元の徳島新聞社長前川静夫氏は郷土出身者、西野スカウトを紹介して、その協力を求めたのだが、これが機縁となって、問題の板東争奪戦が展開されたのである。カープとしては板東‐上田のバッテリーを実現させようと、必死の努力を払ったのだが、中日には速達で、カープには普通便で、ずいぶん現金な取り扱いをされたのには、関係者一同大いに憤慨したものである。この争奪戦は当時のスポーツ紙を連日のように飾り、全国の話題となったが、余りの高額に、プロ野球実行委はついに契約金税込み一千万円を最高とすると規定を

設けるにいたった。今日ではさらに高校選手は最高六百万円と試案を出しているが、一方高野連は、

「プロと交渉を持つ場合は退部すること」

と、歩調をそろえるように厳重な規定を発表している。

興津君は各球団からネラわれたが、興津君を逸した、大洋は桑田君を獲得した。この二人は当時、くろうと筋の見立てとしては、興津君をだんぜん第一位とし、桑田君は二、三位にあったものだ。その桑田君が一躍スターとなったため、興津君としては妙なトバッチリをこうむることになったのである。昨年度の第一回東西対抗オールスター第一戦で上田君が「サヨナラ・ヒット」を放ったとき、平和台のスタンドに並んだ他球団の代表は「どの選手だい」と私の顔をみながら笑ったが、すべて選手スカウトについてはさきのさきまでわかるものではない。すぐ出てくる人、チャンスを得て伸びる人さまざまである。シンの強い興津君などは、これからの人だ。その意味において、ことしの活躍こそ、期待の大きいものがある。森永君にしても、井君にしても、ことしの調子で答えが出ると私はみている。

それにしてもずいぶんいろいろと性格の異なる選手を送り、また迎えたものだが、高校

出身者は別としても、大学、ノンプロ出身の選手はいま一歩、社会性を強くもつべきだと思う。いうなれば自主性であり、信念である。

「あなた任せ」は都合は良いかも知れないが、精神的に伸びがない。それがそのまま野球技術につながるからだ。そこへゆくと二世選手はさっぱりしている。洗練されている。そして極めてビジネス・ライクである。生活様式の異なる点もその影響するところだろうが、洗錬とビジネス二つはプロ野球の選手として、大いに吸収していいことだろうと思う。

白石監督が辞意もらす

カープ空前の補強がなされた前後、ファンを憂慮させたのは、カープの連敗記録であった。著名選手の不調、あるいは負傷も大きな原因であったが、このままズルズル落ち込んだらどうなるのか、当時十年の歴史において、最大のピンチと評されたものである。白石監督は無口で評判だが、この無口は、独り悩むの結果となって、とうとう不眠症になってしまった。ダジャレの一つも放って、ウソでも陽気化する芸当は、この人にはムリであった。グラウンドでは、「白石引っ込め！」のヤジが飛び、球団への投書のみか、白石君本人に対しての投書さえあったのである。まことに監督商売はつらいものである。

ある日の朝、白石君は沈痛な面持ちで、

「代表、お話がある」

と私に申し出てきた。白石君は、

「もう、とてもやれません。辞めさせてください。母ともよく相談したのですが、母も承知してくれました」

と、決意のほどを明らかにしたのであった。何日か考え、相談したのだろう。私に申し出たときは「これでよかった」という顔つきであった。シーズン中ではあり、監督の更迭はそう軽々に行なうべきではない——と思った私は「どうしてもやれぬか」と念を押した。答えは「やれません」の一言であったのだ。私は白石君の顔を注視しながら、

「君の立ち場はよくわかるが面子も考えねばならぬ。いま後任を出すとすれば門前君だ。その場合は、君は総監督としておいたほうが、いいのではなかろうか」

と、率直に私の考え方をもらすと、

「そうしていただければなによりです」

という返事であった。さらに言葉を続けて、

「このことはだれかに話したことがあるか」

とただすと、

「いまはじめて代表に申し出たのです。いずれ、松田さんにも話をします」

というので、

「それでは松田さんに話をしたまえ。僕は知らぬ顔をして松田さんに報告しよう」

と打ち合わせた。白石君の申し出がすんだと思う時間を見はからって私は松田さんに面会した。

「白石が辞任を申し出ました」

と報告すると、松田さんはすでに話を聞いているので、別にろうばいの色もなく、

「新球場ができて、三カ年は白石に任せる——といってある。だれがなんというとも、がん張れと、伝えて下さい」

と極めて簡単に意見を述べられた。事実、松田さんと白石君の会見で万事はすんでいたのだ。

私は型のごとく松田氏の意見を白石君に伝えると、同時に全選手を市民球場の会議室に集合を命じた。新聞記者に感づかれぬよう会議室のドアを堅く締め切り、私と久森君と約

一時間半にわたって、こもごも訓辞を行なった。訓辞ということは対等の立場に立って契約している点からすれば、おかしな話だが、文字では訓辞だが内容は奮起を求め各自のフルの力の提供を希求したのであった。こうしたことが効果があった、とはうぬぼれないが、若手の奮起が如実に示されて、カープの後退を防止したのであった。白石君がダッグアウトにあって田中カイザー式（注・田中義雄・ハワイ生まれの日系人。阪神タイガース10代目の監督）の指揮をとるようになったのは、コーチ陣において決定したこと、白石君を思う心の現われであったのだ。石の上にも三年、それがことしである。カープ全員のいっそうの奮起を望んでやまぬ次第である。

財源は本拠地の六十五試合

プロ野球という、この水商売は強くなくては話にならない。日本シリーズに連敗したとはいえ、巨人の人気は格別である。新聞社がバックだけに、人気選手の獲得には金に糸目をつけないし、はじめからセ・リーグにおけるペナントは巨人と経営者は頭から考えている。強い伝統と自信である。それだけに一番つらいのは監督ということになる。カープの場合は本拠地でジャンジャン勝てば、ファンは大喜こびで、球場に殺到してくれる。そのかわり連敗、連敗ともなれば、クソミソである。ところが勝つも、負けるも、実際のところは、ほどほどが、全体的にはいわゆる興行的となるのである。つまり六球団が五分五分にゲームを進めて行くことが、最後までファンを引きつける一大要素になるのだ。従って、カープが本拠地では強いが、ロードには弱い——では他の五球団は商売にならないのである。勝ち星はもらっても収入にならない結果になるからだ。一見矛盾するようであるが、見せる野球ともなれば当然である。従ってパ・リーグのように（セでも過去には実行した）三割台を割ると、罰金をとられ、その球団の補強を強制されることになっている。

いまプロの財源をみると、本拠地のゲーム六十五試合、これが財源となっているのだ。この六十五試合をうまく処理することによって、経営上の勝負は決定する。むかし「一年を二十日で暮らすいい男」といわれたお相撲さんほ、今日では六場所九十日となった。プロ全体の百三十試合に比較すると、野球の方が日数の点からやや多いわけだが、本拠地だけで計算すると、せいぜい本拠地滞在は五十五日ていどと下回るのである。一年十二カ月、そのうち公式に働く月は七カ月（四月－十月）である。しかも一カ年をまかなう財源は五十五日ていどの公式戦である。ということになるのである。これを一試合三時間と仮定すると、公式戦での本拠地プロ選手実働時間はわずか百六十五時間である。年間経常費の八〇%を占めるとみられる人件費はここから生まれてくるのだ、と知ったなら、だれしもビックリするにちがいない。だからこそ、カープをはじめ十二球団は経営の合理化に頭を悩ませて、契約金の規制など、一般からは朝令暮改《ちょうれいぼかい》と非難されながらも、あの手、この手と方策をたてているのである。よく選手スカウトの場合、

「都落ちはいやだ」

という向きが多いが、この数字が示すように、その本拠地滞留日数は、年間六十日にはならないのである。魅力がない、いなかだ——というが、裏をかえせば「オールマネー」である。もっともらしい言葉で逃げる一つの方便にされていると私は断定せざるを得ないのである。

これを要するに、相手をかまわず、本拠地での六十五試合を全勝することも、一つの手。結構これで、優勝に迫るのだが、それでは共同体が成りたたない。とすればいま一歩前進して、プロ全体第一歩からやり直しを考えるべきだ。親会社の存在がそのガンになっていることは見のがせないが、いまにして一大手術のメスを入れねば、百年の悔いを残すことになる。と私はいま、しみじみ感ずるのである。選手諸君、大いにガン張ってください。

スカウトあれこれ

再びスカウト物語に転ずる。プロ選手の供給源はノンプロと、高校、大学と大別して三つ。そのほかに球団間の移籍がある。現在コーチをやっている藤村君は、投手として花やかな当時、当然獲得できる選手であった。十年選手となったからだ。同君も、私もだいじょうぶと思って工作を進めていると、ボーナスを支給したから、自由でないとなった。調べてみると、ボーナスとはおかしい、とコミッショナーまで調査に行くと、あんの定、自由であることがわかった。ところが阪神としては困る——と泣き落としの一手にかかり、また鈴木会長も仲にはいって、

「盟友球団間は平和に」

といわれて、やむなく手を引き、結局遅れてカープに入団することになったものだ。藤村君も損をしたが、カープも「平和」の二字のため損をした。この世界のことは、エチケットのみでやれぬ、ということを知った、レッスン・ワンであった。投手の弘瀬君は土佐電鉄に勤務し、地元の高知新聞の編集局長であった、私の友人N君から、

「カープに転じたい」

と売り込んで来た人。

「一カ年待ってくれ」

と締め切ったあとなので、手紙を出したが、同君はその一年を待って希望どおりカープに入団したもの。縁があれば、本人が希望すれば、いやな取り引き交渉をせずとも、選手は獲得できるものだ——の見本となった。さて大学だが、六大学ともなれば、これは容易ではない。カープの補強会議で私が命令を受けたのは立大関係であった。

拝藤問題のシコリはすでに氷解されていたので、辻監督に会った。辻氏は、

「私は筋を通さぬ球団はきらいだ。その代表的な球団は南海だ。在学中から手なづけるやり方は学生の本分を毒するからだ。プロも立派な職業、部員に対してはすべて就職のあっせんをする建てまえから、各プロ球団の待遇内容を私がきき、それを選手に明示して判断させる。その場合、本人の技術、体質などを考慮して、どの球団が理想かの指示も参考までに与える方針である。過去、長嶋、杉浦らの問題で私はツンボさじきにおかれたが、今後はぜったいにそれを許さない。従ってシーズン中のスカウト交渉はいっさいやらないでいただきたい」

と立大野球部の方針を宣明したのであった。

私はこれに共鳴し希望選手を明らかにした。その一人は中国新聞の協力により順調に進んでいるが、今シーズンからの選手としてマークした中堅手の高林君は、

「将来立大監督にする人物、プロにははいらない」

となった。そのさい辻監督が、

「右翼の小西ならプロ向きだ」

と保証されたので、協議の結果、小西君をいただきたいと正式に申し入れを行なったのであった。この間、国鉄入りした投手の森滝君は自らカープにはいりたいと、辻監督まで申し出ていたのだが、カープとしてはノータッチでいくことに決定していたので、最後は阪神と国鉄がせり合い、同君の獲得戦から、悪質デマまで流布され、辻監督の憤激とまで発展するにいたったのでる。大洋入りした浜中君は当初から南海がネラっていたが、結果においては辻氏の「筋を通せ」が物をいって、大洋と決定したのである。

小西、国鉄入りのいきさつ

辻監督の話によると、六大学有名選手ともなれば、巧みに手なづけて、

「オレが面倒をみた」

とするブローカー的人物が出るものだそうである。立大にもそれがあって、いっさいそうしたところへ出入りを禁じた由であるが、それでも裏から糸を操る者があるとのことだ。選手たちは、「監督さんは冷たい」というが、私はだれかれと差別をつけて面倒をみることはしない。すべて平等にやる。親分になったらもう終わり。世間からなんと評されるか、わかったものじゃない。それというのが大学は勉学の府、野球は余技だからだ——と、私に語ったことがあるが、それほどハッキリした方針を示していても、

「明治の島岡や、立教の辻に任せたら、どんなことになるか、わかったものではない。契約金のピンハネをする」

と個人の名誉にかかる侮言を、投げつけるスカウトが飛び出したのだから恐ろしい。辻氏の方針を親心として、素直にうけとってやる気持ちになれないのほどうしたことか。スカウトするうえからの一手段とみられないこともないが、スカウト戦の宿命ときめつけて

しまうには、はなはだ肩身の狭い思いがする。

ともかく、小西君については徹底的に私は筋を通した。早立が優勝戦を行なう前日、辻氏宅で小西君と、そのご両親に会った。ご両親は非常に恐縮しておられた。

「これは見込みなし」と私は断じた。

「国鉄の森君（当時代表）とは三十年来の友人、いずれに入団されても、お互いは理解し合う間柄です。ともかくセ・リーグを選んで下さい。そしてカープを」

と述べて別れた。森君はそのとき私にこういった。

「すまなかったね。あれは小西君本人の意思なんだよ。ご両親は考えこんでいた。小西君も、もう大人。どうしても東京を離れられない事情があったんだ」

とニヤッと笑った。そこまで明らかにされれば私も納得せざるを得ない。二、三日後、父親である小西三治氏から私あて丁重な書簡をもらった。秋田市の教委に勤務しておられ、元校長さんだけのことはある、と感じたことだ。逸した選手の父親から陳謝を兼ねた手紙をもらったのは初めてであったからだ。

しかし、辻監督は、この小西、森滝両君に対して先輩後輩の縁を切る——と新聞に発表した。なぜか、両君とも辻氏を通しての正式プロ入りでなく、あまつさえ、前記のごとき侮辱を関係スカウトの一人が辻監督に与えたからである。事の表面のみをみた一部は、「森滝も小西も辻監督の指示する球団に行かなかったので、あの措置をとられた。ボス監督だ」

と報じたのである。ずいぶん乱暴な話である。浜中君はどうだったのだろうか。辻監督は、

「杉浦君が話しに来ているというが、正式には代表か監督が来るべきだ。個人として認め難い球団だが、その人たちが来るなら了解してよい」

と浜中君に伝えたのだが、ついにそのことなく浜中君も、

「来ません、よろしくお願いします」

となって熱心に辻監督に申し入れていた大洋の森代表（当時社長）にガイ歌があがったのである。教え子の将来についてよき道を教え、与える。これは正しいことである。その意味で私は、「筋を通せ」の辻方針を支持するものである。

第五章

ジャーナリストの行き過ぎ

スポーツ新聞に、週刊誌に、なにかカープに関する記事が掲載されると、

「また河口が書いた。しゃべった」

といわれるそうである。そう断ぜられるのもやむを得ない。私が新聞人だからである。しかし新聞人はプレスコードを基本としている。この域を脱すれば、すでにして新聞人ではない、と私は信じている。人間である以上、感情もあろう。相手の出方によっては鬼とも蛇ともなろう。しかしそれは世上通俗の思想であって、新聞人本来の思想ではない。私はペンの暴力をふるった記憶はない。ただいずれの球団も、おなじであるように、代表はその球団のスポークスマンでもある。勢い、スポーツ紙に口述記事が多く掲載されるのである。またしばしばインタービューを受ける。その内容が感情にからむ、とみた場合は、私は必ず署名して記事を認め、相手に手交することにしている。つまり舞文曲説を防止し、

同時に記事の責任をもつのである。従って売文を目的とすると否とにかかわらず、私の署名がない場合、いっさい責任は持たぬことにしている。

その事例を一つ二つ。板東選手スカウト問題（注・徳島商業、板東英二投手をめぐり加熱するスカウト合戦）に関し、某紙の記者が私の話をとりに来た。

「板東に家を一軒与えるといわれたようだが」

との質問であった。

「そんな話はしらない。もしあるとすれば板東家が移住する関係上、家のお世話はします、くらいのことはいうだろう」

と答えたのだが、なんと記事は、

「家を与えるといった」

となっていた。その記者は後日、

「相すまぬことをしました。おわびする時機を逸しました」

と陳謝したのであった。「カープを毒するもの」うんぬんの週刊誌については、

「あの記事には迷惑されたでしょう。ご感想は」

ときた。週刊誌記事について日刊紙の記者が質問するとは実のところ愚の骨頂。

「頼まれたナ」

と直感したから、

「否定もしない。肯定もしない。なにも知らない第三者がみれば、なるほど——と思われる節があるからネ」

と突っ放すと、そのまま広島に伝えられて、私が書いた、となっていた。こんどの代表更迭にからみ、某スポーツ週刊誌は「私の立場」について語れと申し込んで来た。

「おしゃべりはご免。署名記事として渡す」

と、四百字詰原稿用紙に、

「私が知らぬ間に更迭の記事がスポーツ紙に報道された。これは不愉快、中国新聞社長が辞任せよ、といわれれば辞任する」

と、この一行が感情的といえばそれまでだが、他は淡々と無表情に書いたのである。ところがどうだ。驚くなかれこの署名原稿は根本から覆えされ、対談記事となっていた。しかもちょうちんがついて松田さんとガッチリ四つに組まされていた。舞文でなく曲文である。苦笑を禁じ得かった次第である。

私はこの欄から弁解をするのではない。スポーツ紙、週刊誌を問わず売らんかなの商魂はわかるが、口述内容とか、記事内容において、何かそこに取材者の興味本位的欲求が過多になりすぎてはいないか――ということである。もちろんデスクの方針がそこにあるのだろうが、いま一歩前進して高度にありたい、と私は切に念願するものである。ただし事実に基く批判はご自由である。私自身その方針だから。

楠瀬知事の全面的協力

カープ創設当時、楠瀬知事は、

「君たちには功労株を差し上げる」

といわれた。立派な会社としてスクスク伸びるものと考えられたからだろう。もちろんこうした株を頂くのを目的としてやったわけではない。結果においては、頂かなくてよかった。それは間もなく一片のクズ紙と化したからである。知事がどうしてこんなにまで力をいれ、私たちのことを考えてくれたか、カープについては、故谷川氏をはじめとする奉仕活動に感銘されたからだが、その以前に、私たちが広島大学設置に関して協力したことに、非常に感謝しておられたからだ――と私は思う。

当時、県の東京出張所長は沖野哲雄氏。この所長を中心に東京においては活発な基金募集が行なわれ、私どもはこれに日夜協力したものだ。さて、いよいよ、実現のめどがついたが、かんじんの初代学長の選考にはハタと行き詰まっていたのだ。白羽の矢をたてた人物は固辞する、帯に短しタスキに長しが実情であった。見るに見かねて私は進言した。「森戸先生（注・森戸辰男・社会思想家）こそ最適」と。当時先生は社会党内閣では文相の要職。次官の伊藤日出登氏（郷土出身）や藤原武夫理学博士は、

「それは名案。しかし社会党が難物だ」

といわれたが、党幹部については知己もあり、私がその任を買って出た。故松岡駒吉氏をはじめ、水谷、加藤（勘）三宅、浅沼、西尾の諸氏をさっそく口説き回った。難物は三宅氏であったが、この三宅氏は、浅沼氏を動かして攻略。藤原博士や郷土出身の永井浩氏らが、これら党幹部と会見して、やっと党側だけはOKとなり、引き続き学者グループの協力を要請したのだが、あのころの藤原博士らの活躍はめざましいものがあった。森戸先生は知らず、先生令姉、故夫人はわれわれの動きに心から感謝されたものだ。かくして初代学長に先生を迎えたのである。大学設置は楠瀬知事の一大功績。

「よし、こんどはカープのために」

と知事が大きくハダを脱いでくれたのである。カープ誕生までの日数は、大学に比しては二分の一であったが労苦については差異はなかった。新聞社員であったがための私の幸せであり、生涯の思い出として残ることになった。

伊藤電鉄社長は、

「新聞社を辞して専任してくれ。生活については、僕たち二、三で保証する」

といわれたこともあったが、良心的に受諾できなかった。そのうちに、故山本実一社長から転任の話が出た。それは私としては栄転であったが、当時谷川氏は球団から手を引かれ、新聞社がその中心となっていたので、

「いま新聞社が手を引きますと、おそらく存続は容易ではないでしょう」

と実情を述べた。この結果、社長は当時の広島財界の人たちに意見を求められ、その結果が新聞社重役会議決として、私の「出向」が発令され、今日にいたった次第である。この間、知事は二人、市長は浜井、渡辺、浜井の諸氏とかわり、新聞社長においては、築藤、山本（実）山本（正）の三氏、運動部長は四氏を送り迎えて今日に及んでいるが、以上の人たちがカープに熱情を傾けられ、また今日なお引き続き惜しみなく、支援を送っておられることは、広島なればこそ、感謝の言葉もない次第である。

ディマジオがコーチ

カープ球団が、はじめて講師として招いたのは、評論家の鈴木惣太郎氏（注・ベーブ・ルースを招くなど日米野球交流に尽力）であった。鈴木氏には本場米国のプロ野球についての講義をお願いしたのであった。これはドジャースが来朝（注・来日）して、広島でゲームを行なったが、原爆による、市民、野球ファンの非業の死をいたんで記念碑を贈られたことが縁となったものである。鈴木氏がその仲介役を引き受けられたからであった。その記念碑は、青銅版として、今日広島市民球場の正面玄関の壁面に飾られている。次いで技術コーチして招かれたのが藤田省三氏（注・関根潤三、根本陸夫は法大時代の教え子）であるが、藤田氏は以来今日まで毎年、キャンプには、指導のため来広してもらっている。鈴木氏は評論家として、藤田氏は技術家として、ともに、現日本プロ野球界には知られた人たちである。鈴木氏とは約一週間起居をともにして、選手とともに講義を受けたが、極めて、質素で、紳士的であるのには、多くの学ぶべきものがあった。藤田氏の技術指導も懇切で、その人柄も苦労し、もみ抜かれた味が出ていて、申し分がないと感じたことである。後輩の面倒をよくみるが、それだけに周囲の人に好感をもたれ、氏自身が助けられたこともあるようだ。あの持ち味は特にプロ新人を指導するにはうってつけ、と私はみているが、どうだろうか。一度ディマジオがマリリン・モンロー夫人とともに来広し僅かの時間だが、バッティング・コーチをしたことがある。そのコーチの効果のほどは、私にはわからないが、すべてコーチというものはそのシーズン、選手とともにあることが望ましい、と私は思う。インサイド・ベースボール、とはいうが、ゲームからゲームに追われる選手の中には、ちょっとしたハズミで身につけたフォームを忘れてしまうことがあるからである。

投手の調、不調、野手の攻撃面に大きな波が生じるのも、それがためだと、思うのである。コーチの重要性は、実に大である。全選手のよき主治医である、と私は信じている。

ある哲学者の言葉に、

「とらわれず、とらえてゆけ」

と。まことに、人生はそれでなければならぬだろう。この言葉はそのままプロ野球選手にも通じると思う。主治医たるコーチの指導を受け、自らに適応した野球技術を、とらえてゆくならば、その選手は楽しく、のびのびと、大選手の名声を持続することであろう。

中村三五郎君のこと

セ・リーグ理事の仲間が一度に三人も更迭したことは、過去においても記録がない。しかも新球団であることも奇しきものがある。

国鉄スワローズの森三郎君、大洋ホエールズの木下検二君、そして私である。この三人は新球団、ということも手伝っていたが、森君とは三十年来記者として交友があった。木下君は厳父が明大の総長であったし、同君の兄弟はわが国、油絵画界の権威であり、木下君がカメラに、焼き物に、なかなかの腕まえであり、通である。文字どおり芸術一家である。お互いに私のことを「豪ちゃん」と呼び、私は森君を「さぶちゃん」木下君を「検さん」あるいは「のんとうさん」と呼ぶ仲間である。

いまは亡き中村三五郎君（中日）には「三ちゃん」、また代表を辞した阪神の田中義一君に対しては「義《ギ》さん」、巨人の前代表、渡辺文太郎君には「文ちゃん」、現代表、宇野庄治君には「頑さん」、とそれぞれ愛称があり省略名があった。会長には「お」の字を奉って「お会長」と妙な愛称をつけたのは、森君であった。

会議があって、会長が顔を出すと、

「いや……部屋が明るくなった」

と、ひやかしたものだが、パ・リーグの中沢会長（注・中沢不二雄《ふじお》・元明大野球部出身）に比較すると、光沢が一段と落ちるので、

「玉子で磨きなさい」

と、ケシかける不届き者もたくさんいたが、鈴木会長はいつもニコニコと、

「諸君より肉体年令（精神年令ではありません）が若いんでネェ――」

と、負けてはいなかった。かつて、中日球場でオールスター戦のあったとき、この会長と、木下君と私が同じ理髪店に飛び込んだものである。さて勘定となると、いちばん安いのが、会長、お次ぎが木下君、そして私はふつう料金であった。このときばかりは鈴木会長も、

「調髪料金に差等をつけられたのははじめて、もっとも合理的だがネ……」

とツルリ、と光頭を撫したものだ。仲のいいセ・リーグとして、パ・リーグ側では羨望の的になっていたものだ。どんなことも笑い話でかたがつけられるからだ。

今度山本中国新聞社長がカープの代表に就任されたので、鈴木会長ももう余り「おつむ」のことは心配せんでもいいだろう、とかげ口をきく者もいるが、なんにせよ、和やか

さは、昔に変らぬ、結構なことである。代表をやっていると、健康を害しやすい。中村三五郎君が糖尿病であったし、田中義一君は動脈硬化に悩んだ。中村君はその糖尿病が昂じて、飯田橋の厚生病院に入院していたが、ここに見舞ったときには、もう両眼は失明と同じであった。私の声を聞いて、

「豪ちゃんだネ」

といったのがいまだに耳に残っている。最後は鎌倉の自宅であったが、中村君についてはいろいろな思い出がある。長谷川投手の問題がその一つ、一九五四年、杉下君（現中日監督）一人の活躍で、西鉄を破り、日本選手権を獲得したとき、私は、セ・リーグの理事長であった。ドラゴンズから立派な、ペナントを贈られたが、あの時、中村君はすでに死を覚悟していた。病勢はかなり進んでいたが、われわれといっしょに、制止するのもきかず、祝杯をあげ、

「もういいんだよ」

とあらぬ方向をみつめていた。ほんとうにドラゴンズのために働き抜いた人であった。むりをして広島に開かれた、理事会にも出席してくれた。そして、旅館で、泥棒の難に会った。中村君は「厄落としさ」と笑ったが、問もなく、死の床についたのである。

中村君逝き、田中君病を得るとともに、さすがの鈴木会長も気になったのか、酒量を減じ、ゴルフに転じた。われわれにも、

「健康が基本だよ」

とセ・リーグ理事の面々がいっせいにゴルファーになったのも、こうしたきっかけがあったのだ。酒量球界随一、と称される評論家の大和球士氏が、ゴルファーになったのも、鈴木会長の切なるすすめによるものである。よく、

「ハンディーは」

と聞かれるが、

「ハンディーとはなんでぇ」

の類いである私は、健康保持のため、むりをせぬ、ゴルファーの仲間にいれてもらっている。このごろはカープの選手中にも、ゴルフを楽しむものが多くなった。結構なことだが、シーズン中、むりをしてゴルフの時間を作ると、たいせつなゲームに支障をきたすことを忘れないでほしいものだ。巨人の重役である品川主計氏は、私のゴルフのお師匠さんだが、同氏の先生が新田恭一氏（近鉄コーチ）である。なかなか、あの年令に似ず、よく腰のはいったフォームで、ティー・ショットで平均二〇〇は軽く飛ばすのである。シーズ

ン・オフともなれば例年、プロ野球関係のゴルフ大会が、頻繁に催される。勝負勝負でさいなまれた人々が、このゴルフではのびのびと、コースを歩く。シーズン中の不快な病素的気分をフッ飛ばすためにも喜こばしいかぎりと思う。

市民球場で日本選手権を

表題の風雪十一年。さて私はなにをやったのだろうか。マイナー・リーグの実現を夢みて、新日本リーグの理事長を担当、セ・リーグにおいては再度におよんで理事長に推された。実行委、協約委、経理監査委、調停委、博物館評議員、日本野球連盟取締役と柄にもない任務を背負わされて、いつしかセ、パ両リーグにおいて最古参になってしまった。この間、不満足ながらプロ協約を実現したが、その全面改定を叫びつつ手を染めずして終わったことは心残りの一つである。旧十年選手制度の廃棄、選手養老基金の増額、契約金の規制、と選手の立ち場から、あるいは経営上の立ち場からする、方策も批判は多々あろうが、たとえ糊塗《こと》的であっても、やるだけはやったつもりである。今後に残った大きな問題は「新十年選手制度」であろう。

この問題は基本人権にからむ関係からどのていどで「自由」を与えるかが、ポイントになる。全面的に選手の自由を拘束することは許されない。選手のことも経営上のことも勘案して断が下されることであろう。選手養老資金制度もセ、パ一本化すべくすでに実現は時間の問題となっている。

野球博物館も実現して著名選手は将来ここに生涯の歴史を飾る仕組みになった。懸案のマイナー・リーグがことし実現をみなかったのは遺憾の一つである。つねに一部のオーナーによって要望される「選手の公平なる分配」は理想ではあるが、いまの日本のプロ野球では至難であろう。記録の独立はなったが、審判のコミッショナー所属、つまり完全なる独立は「断」によって決する問題だが、いましばらくは、両リーグ審判の内容その他の点から早急には望めまい。野球がブームに乗っている間はだれもが見逃がし、考えようとはしないのだが、果たして現在の両リーグ制度が永久に存続し得るか、という問題である。国鉄の今泉社長が苦心の作「メリットと参稼報酬」は別の意味では全球団の経理的統制を示唆している。一挙には前進すまい。しかし必ずや、その時期が訪れるであろうことは、だれしも否定できないだろう。

わがカープも、いまや十分に貫録をつけた。全国ずい一の強力なる本拠地、ナイター設備をもつ市民球場。すでにして、オールスター戦をはじめ第一回東西対抗オールスター戦、さらには日米野球とビッグ・ゲームは一人まえにこなしてきた。これらはすべて広島県市民ファンの絶大なるカープ支援熱情の現われであって、ここに改めて深謝の言葉をささげるものである。残るはただ一つ、一日も早く、このわれらの「広島市民球場」で日本シリーズを挙行することである。コミッショナー機関の首脳は、かつて、こういったことがある。

「カープが優勝しなくてよかった。日本シリーズともなったら、おそらく切符の奪い合いで多くのケガ人が出るだろうし、第一、事務局がノイローゼになるだろう」

と。わが広島の熱狂ぶりを表現して余りある言葉ではないだろうか。

思い出の人々

プロ野球のドサ回りや、あるいは会合で、長い間にはいろいろな人物に接する機会に恵まれたが、特に印象に残る人たちを書いてみる。

京都に遊んだ際、ここの高山市長にお会いする機会を得た。大変お世話になったが、高

山市長は、

「私は京都から悪の巣となる競輪を追放した。ずいぶん攻撃もされたが、主婦連が大喜びで、力強い支持を受けた。元来京都は古い都として、どうも積極性に欠けるところがある。これを近代的に明るくするにはプロ野球のようなスポーツを迎え、健全娯楽を十分に市民に提供したいと思っているが、可能性はあるだろうか」

との質問に接した。私は、

「それは市長の決断一ツで実現の可能性はある。要はプロ野球を京都に迎えいれる設備と熱意が必要でしょう」

と答えると、

「いま市議会議長を呼びます」

と即座に席を列ねて、

「どうだ、二条城の付近に新球場を設置すればいいだろう、ナイター設備もやる。観光税がはいってくるんだから問題はない」

と目の前でパタバタと構想がまとめられたのであった。こんな市長さんに会ったのは、私ははじめてであった。市長と議会がピタリ、と意気投合しているのである。市長音頭取りの京都ニコヨン・ラグビー・チームは全国でも有名な存在、この市長さんならキット実現できるだろうと感じたことだ。高山市長は、

「球団としては国鉄はどうだろう」

とあったが、

「それはできません。阪急か近鉄を選ばれるのが早道であり、可能性がありますよ」

といっておいたのだが……その後阪急は準本拠地とする意向を明らかにしたが、近鉄さんが踏み切ってここにうつれば将来性は文句なしと思うこと切なるものがある。

大映の永田雅一氏は、社長らしからぬ、ヤクザ的キップの強い社長さんで、一名「ラッパ」というニックネームをもっている。シャベリだすと、高遠なる理想を、あすにも実現させるようにまくしたてるので、このニックネームを頂戴したものと思われる。大毎オリオンズの会長で、思ったことはズバリ、いってのける性質の人だ。小言もいうが筋道をたてた処理もやる。田宮（注・田宮謙次郎、阪神から移籍したスラッガー）をとったときも予算がオーバーしていると、個人でこれを穴埋めして、代表にはそのための責任を求めて辞任させたのである。巨人の品川社長と水原茂監督の問題が表面化した際も、

「水原君はセのペナントをとっている。日本シリーズに敗れたからといって責める手はな

い。立派な監督だよ」

と大勢の前で遠慮なくマクシたてたものだ。だから水原監督が辞任する線が濃くなったとき、さっそく大毎に迎えるべく指令を発したほどであっだ。また大の競馬狂で馬も何頭かをもっているが、氏がパ・リーグ総裁当時、愛馬が桜花賞レースに出場することになったが、ちょうど東京会館で実行委が開かれたその日がレース当日で、総裁はもう議事どころではない。そわそわして、

「諸君まことに相すまぬが、きょうレースがある。ラジオをここに持ち込むことを許して欲しい、馬場の調子いかんでは一着になる、なったら賞金は身につけない、広くお祝いとしてバラまくハラだ、諸君にも記念品を贈る」

と、ボーイにラジオを持参させたが、議事は全然駄目、さてレースは愛馬がみごと優勝して実行委は「おめでとう」の「祝勝会」になってしまった。記念品は「幻の馬」の銀製煙草ケースであった。平常愛用しているのは井上コミッショナーのみだが、井上氏と顔が合うと、永田さんを思い出すのである。この永田さんはまた人をみる目をもっている。かつて、ディマジオとモンロー夫人が来朝した際、永田さんは、

「河口君、この二人はことしいっぱいで別れるよ、とても永持ちせん」

と大きな声でいい放った。永田氏の言葉どおりご両人が帰米すると、間もなく外電は夫妻の離婚を伝えたのであった。

カープの球場部長岩本章君の故郷は土佐の高知である。岩本君の関係で高知から三人ばかり選手がカープに入団したが、ここの高知新聞社長、福田義郎氏は、中国新聞の山本社長とは殊の外の交誼があり、新聞社お互いも結ばれている。こうした関係からカープの本拠地新球場が実現せぬ時代には、公式戦も数多く引き受けてもらったし、新日本リーグの公式戦も何回かお引き受け願った。いわばだいじなお得意様だが、福田社長は、実にきさくな社長さんで、いつも友人関係のような態度で接しられたのである。はじめて高知入りしたとき、ここの土地の風習として「お客がはいつくばって、帰るようでなければ接待にならない」というおきてがあることを知ったのである。一流の料亭で土佐名物「サハチ」料理が出る。大きなお皿の幾種類かが並べられ、料理はこの皿に山盛りになっている。いわゆるお膳料理でなく、フランス式な、カフテリアなのである。この料理のあり方からして、終夜の宴を表現している。酒は司牡丹、なんと夕刻午後六時からはじまって、宴を閉じたのが翌朝午前八時、飲む、歌う、ヨサコイ節、箸拳、私がヨサコイ節を習得したのは、実にこの時であった。箸拳は土佐藩士が打ち興じた、と聞かされたが、福田社長の音声は剣道の気合いに劣らず、朝まで続いたのには全く恐れいったのだが、フト気がついたとき社長も私も酔眼もうろう「コクリコクリ」と舟を漕いでいたのであった。

「君は強い」

「あなたは酒豪」

相サンタンして笑ったのである。これが、あとにも先にも、痛飲の最大記録となった次第である。ペギー葉山の歌声を聞くたびに高知と福田さんが浮きぼりにされてくるのである。

浪花でできた球友

野球の世界のよさは、アマ、プロとを問わずお互いが、こと「野球」に関心ありと見きわめると、実に容易に溶け合うものだ。私にもこんな例があった。

もう三、四年も前になるが、鈴木会長と大阪入りをして、帰京すべく、宿を出たものの、列車の時間までには相当あるので、大阪駅近く曽根崎警察の露路《ろじ》横をちょっとはいった居酒屋ののれんをくぐった。この居酒屋は宿で予備知識を与えられていたのだが、主人が焼き物やゲテ物の蒐集マニヤでおもしろい男、それに酒は「剣菱」の一本槍、というので

あった。のれんをくぐると、この家の主人はチラッと私たち二人をみて、

「旅のお方やナァ」

といった。こちらも正直に、

「汽車の時間待ち、酒を頼む……」

とさっそく、チビリチビリとはじめたが、左隅の方に相当年配の紳士が一人、しょざいなさそうに独酌を楽しんでいた。

会長と二人きりなので、酒の肴は、セ・リーグ六球団のこと、選手個々の力量の話、と相成った。隅の方の紳士は、私たちの話を聞くともなしに聞いていたらしい。そのうちにくだんの紳士は、

「お二人さんは野球に関係がおありだんな」

と、椅子を寄せて来た。私が、

「セ・リーグですよ……」

といって鈴木会長たることを明らかにした。私も、

「カープです」

と身分証明をすると、

「どうもそうやと思いましたねん、私も野球が好きでして……」

と名刺を出された。ここで三人は、名刺の交換をしたのである。私が紳士の名刺をみると、大川記念病院院長大川勇とあったのである。こうなると、大川氏はもう野球談義にとどまるところを知らぬ雄弁となっていくのであった。

「私は浪商の後援会長、浪商の球場が狭いのでなんとかせねば、と苦労しとります。校長の野田君は私の仲間でして……」

とちょっと飲む真似をした。

「もう乗る時間ですがね、ここで落ち合うのをしきたりにしています。ちょっとお待ちくださいよ、ご紹介しましょう、電話をしていそがせましょう」

と、大川院長は野田校長に電話をするのである。なるほど十分とたたぬ間に校長は現れた。大川氏は、

「こちらがセ・リーグ会長、こちらがカープさん」

とさっそくの紹介役、校長は、

「野田です」

と名刺を出した。二人だけで時間待ちの居酒屋入りは、たちまち四人一組となって大賑

わい、居酒屋の主人は、色紙を持ち出す始末。話は、野球一点張り、

「セ・リーグ球団に選手を送り込みなさいよ……」

とこちらがいうと、

「このごろの子供はしっかりしてますのや……」

と、後援会長も校長も、なかなか自由にはならぬ、ということをもらしていた。そのうちに大川氏は、

「まだ時間はあります、コースにうつります。お近かづきに一軒つき合ってください」

と、とうとうキャバレーに案内された。もう、校長さんも後援会長もない。

「さあ一杯」

「さあ……踊りましょう」

で時間ぎりぎりまで歓をつくしたのであった。

「大阪に来られたら必ず寄ってください」

と大川氏がいえば、当方も、

「ご上京の節は是非、リーグにお立ち寄りを」

と、約束して別れたが、大川院長は、

「近く学界要務のため上京する」

とあったのに、とうとう姿をみせられずに終わってしまった。われわれにはそう機会はないが、この後援会長さんと、校長さんは、いまでも、あの居酒屋で「浪商強化」について、額を合わせていることだろう。なつかしい思い出である。

鈴木、中沢両会長の対談に想う

広島市民球場で、第一回の東西対抗オールスター戦（注・1958年・昭和33年7月29日）が行なわれた際、来広した、鈴木セ・リーグ会長と中沢パ・リーグ会長は、中国新聞社で対談をしたが、その際中沢会長は、

「広島カープが親会社のない、広島県市民の球団であるということは、本場米国のプロ野球のありかたと同じで、申し分ないことと思うが、これを運営する人たちは、できるかぎり少数の者にされることが望ましい。

アメリカでも一ツのプロ野球団を経営するのに、三人以上の重役をもつと、どうもうまくいかず、ゴタゴタが起きている。それは利益があるとか、ないとかの問題からでなく、

経営上のこまかい点で、発言者が多いと、どうしても意見の対立をみるからである。プロ野球経営、というものは一ツの命令でサッと下まで通ずるのでなければならない。失敗しても、成功しても、そうしたシステムでいくなら文句はないのである」

といった。

私は当時、それを聞いていて、「なるほど」と感じたものだか、広島の場合、今日のシステムは、球団社長が電鉄の社長、伊藤信之氏であり、総務会会長が東洋工業社長、松田恒次氏、球団代表が中国新聞社長山本正房氏で、三巨頭によって、推進されているので、中沢会長のいう、三人にはなっているから、いいのではないか、と思うのだが、中沢会長の言葉の中には、どうも、それ以上のものをカープに求めているような気がしてならないのである。それは、私が代表を辞めて、側面からカープをみる立ち場に置かれて、感じたことなのである。

カープを盛りたてていく、しかも無報酬という点は、ちょっと他に類例をみない、美しいものなのだが、無報酬であればあるだけに、それぞれの会社の総指揮者としての意識がなにかにつけて、出てくることである。この自然に出てくる巨頭の意識は、カープ球団の選手をはじめ、全職員に、精神的作用を与えないではおかないものである。これは私のいいすぎ、惑じすぎかも知れないが、どうもそう思うのである。

と、いうことは、他の球団はすべて親会社があって（親会社的団体もある）、その職員はすべて、球団へ出向しているのである。つまり職員の身分は、球団のバックボーンたる親会社に握られている。職員もまた、親会社の人間だ、として大きな安心感をもっているのである。

そうした、安心感をもちたいとカープの、ことに職員は考えていると思うのである。大きなバックがあるとなれば、どの職域に回される職員にしても、また、新たに採用される者たちにとっても、みんなが納得してその職分に精励できることと私は思う。それがないとあちらにも、こちらにも、気をつかう、ということがあるのではないか。と私自身の体験からも、考えられてならない。

中沢氏は言外に、このことをいっていたと思う。どの社長さんたちも、極めて忙しい立ち場にあるのだから、球団事務所にそう頻繁に現れて指揮をとるわけにはいかない。従って、結論的なものは確実にキャッチしていても、その過程は間接的に知ることになる。デマとか噂話しとかといったものは、いい場合は問題はないが、一ツ悪評ともなれば、あとにわかった、としても聞いた当座は不愉快極まるものだ。そんないくつかの例を味わった社長さんもある、と私はみている。

そこでできればどこかで、完全に一本化して経営されたらどうかと考える。東洋工業とか、新聞社とか、電鉄とか三本建てならそれらの人たちが新しいバックとなって、資金面を担当し、その社長さんたちで信頼できる人物を、有給責任者（重役）として任命し、思い切って経営重役を減らしてみるのも一ツの方策だと思うが、どうだろうか。

出資者が仮りに三人ならばその三人の人たちは、一年交替で会長ともなり、社長あるいは最高顧問となってにらみをきかせておればよいと思う。が、もし、それ一社のみで面倒をみることができるならば、これにすぎた合理性はないと信じる。

以上かきつづったことは決して私に含むところがある故ではない。あくまで私が感じたことを率直に筆にしただけである。中沢さんは少し遠慮がちにいっておられたが、おそらくこうしたこ とも頭の中にいれていたと、想像したのである。

紳士酒豪凡頭会員

凡頭会はプロ野球界名物の一ツになっていた。急激に増えたゴルフ熱に押されて昭和三十三年かぎりで一応解散の形式をとったものである。それまでは毎年十二月、オフ・シーズンをねらって、盛大な総会が開かれていた。会場は箱根宮の下の松ノ茶屋などが主としてあてられていた。

会員はプロ野球関係者、および代表的ファンとなっており、私が加入したのは昭和三十年ごろであった。総裁は評論家の大和球士氏で、セ・リーグ会長鈴木竜二氏、元パ・リーグ総裁福島慎太郎氏、巨人からは水原茂監習、川上哲治（現コーチ）、中尾碩志《ひろし》（同上）、藤本英雄（当時投手、現大和証券監督）、国鉄から宇野光雄監習、大洋から平山菊二氏（当時コーチ）、西鉄から川崎現監督、野球界の関三穂氏、ファン代表として、資生堂の社長であった故福原義春さん等、であった。なにしろ酒豪列伝に名を残す面々、とあって、いかに広く会員を募っても、一回の総会で二十名を超えたことはなかった。

この総会の諸規則がまた極めて厳格で、関会時間に遅刻でもしようものなら、一分間につき金百円也の罰金が課せられた。

さながら、ロータリヤンか、ライオンズ会と同じ様式で卓上の鐘が当番幹事によって一点されると、おごそかに会の幕は切って落とされる。膳部に向かって、正座し、いっせいに盃を手にする。シワブキ一ツない、世にも奇妙なる大酒宴？　が展開されるのである。

盃は、とみれば底部は斜めに切り削がれたもので卓上に置くことはかなわない。盃の酒は背部に控えたこれまた笑顔一ツみせない女性によって、遠慮なく注がれていく。私語を禁じ、冗談、放歌はもっての外、これに反するとみるや、幹亭は直ちに鐘を叩いてマイナス一を記録、会の閉会宣言とともに金壱百円から参百円まで（判定による）の罰金となる。この静かなる酒宴は実に二時間のながきにおよぶのである。一応喫煙、生理的処理は許しているが、これが酒豪たちの段位決定に際して、すこぶる影響するのだからめったのことでは小便にもたてないのである。

大和球士総裁はさすがに総裁の貫録十分、自分は膝一ツ崩さず、端然として、しかも酒を味わうごとく、盃を動かし、面々の態度いかん、と採点の材料を心の中にメモしていくのである。

かくして二時間はすぎるのだが、当初の四十分問の苦しさは、想像以上のものがあった。これは要するに、酒は静かに楽しみ味わうもの、の社交的訓練であって、凡頭会は別の意味においての、人間的道場でもあった。タイム・アップとともに総裁の講評があって、それぞれ新段位をもらうのだが、最下位を初段とし、総裁の名人九段を最高とした。

強豪としては、平山君の七段、川上、中尾、藤本君らの六段、鈴木会長は五段であった。

筆者は、四段とあって、大いに総裁に対して抗議を申し込んだものである。

ともかくも段位をもらえばこっちのもの、それから無礼講と相成るのだが、二時間の道場酒は平均五合から七合、無礼講にはいってからまたそのていど痛飲するのだから、当日の酒量は大したものであった。シーズン中、勝負の世界で敵味方となっても、盃をあげれば良き友であり、先輩でもある。今日みなそれぞれに年輪を加えて、過去の酒量はないが、こうした会合が無意味であった、とは私は思わない。なつかしい思い出である。

第六章

市民球場二ツのカラー

広島市民球場名物？　に二ツのカラーがある。このことは私が在任中、発見したことだが、他の球場ではちょっと類例がない、と思うのでご紹介したい。

その一ツは内野席と外野席の入場券発売口から集計されてくるお札である。広島市民球場は他の球場と全然異なり、外野席がまず満員になるのである。カープの持ちゲーム六十五試合、この中にはダブル・ヘッダーもあるので、熱心なファンはだいたい一シーズン五十試合以上は、市民球場通いをやらねばならぬ。一試合百円也、としても一人当たり入場料金のみで五十試合として金五千円也は投じている勘定である。毎試合、カープ応援に出かけるにはその入場料金も馬鹿にはならない。従って、百円札一枚でことがすむ外野席が繁昌するわけなのである。

この百円札が、外野窓口からの分は、どれもこれも汗じみたクシャクシャであるのが特徴なのである。しっかり握りしめて、窓口に殺到する。なにかしらほほえましい惑じである。球場に出張して来る銀行員は、一枚一枚このお札のシワを伸ばし、勘定するのである。そして、述懐するのである。

「これこそ真のカープファンですけん」

と。一方内野席の方は、全く逆でパリッ、としたお札である。こんなにまでハッキリしたものはない。そのうえ、カープが勝てば勝ったで、負ければ負けたで、最後まで、その席を動かないのは外野席のお客さんである。指定席のお客さんは負けていれば、七、八回で引き揚げるし、勝っていても大量得点ならばもう文句はないとばかり、早目に動きはじめるのである。声援のほうも外野の方がはるかに熱心である。このことは中国新聞の運動面に筆者が紹介したのであるが、今日では、テレビ、ラジオのアナウンサーが広島市民球場の特異なカラーとして、時おり紹介している。

もう一ツのほうは、上戸《じょうご》党のことである。ビン投げ事件以来、ビン詰酒類の持ち込みを禁止し、球湯内売子も、その場で紙コップにうつして、万一に備えていることは周知のとおりだが、ナイターが終わり、さて翌朝スタンドの清掃をするとなると、ウイスキーの小瓶、焼酎のビン、たまには一升ビンも出てくるのだから驚きである。入場口で身体検査をするわけでもないからむりもないが、一升ビンなどどうして持ち込むのだろうか、とよくよく検討してみると、上着をぬいでそれで包み、さながら、上着のみを抱えているようなかっこうで難なく持ち込むのである。ポケットウイスキーや焼酎の小ビンはいうまでもなくズボンのポケットにひそませてくる次第だ。

ところが、この酒類に内、外野の区別があるからおもしろい。内野席から指定席のほうはウイスキー、それも内野はトリス、指定席はサントリーかニッカ、外野席はだんぜんだるま焼酎である。

「アッ一発かましたぞ、それもう一息」

と声援しながら「グビリ」とやる。ファン心理、勝てば祝杯、負ければ残念杯からやけ酒と相成るのである。このビン類、一試合で必ずといっていいくらい、〆て百本は下らないのである。カープ販売課は、以上のビン類と、近時とみに増えた罐《かん》入りビールやジュースの空罐など山のように、廃品屋さんに引き渡すのである。

プロ本拠地球場あれこれ

プロ十二球団の本拠地球場は東京後楽園をセ、パ両リーグが併用している関係から十球場となっている。すなわち、後楽園スタジアムの貸し球場、川崎市営球場、駒沢球場（東京都経営）、中日スタジアム（中日経営）、甲子園スタジアム（阪神経営）、西宮球場（阪急経営）、大阪難波球場（南海経営）、森ノ宮日生球場（日生経営）、広島市民球場（広島市経営）、平和台球場（福岡市経営）、のそれである。東京においては後楽園の貸し球場のみではあきたりぬ、として新宿に、湯島に、池の端に、新球場建設がここ三、四年来話題にはなるが、いかんせん用地買収に莫大な資金を必要とするところから、いっこうに実を結ばない。有蓋《ゆうがい》スタジアムの話も正力松太郎氏などの構想で出てはいるが、果たしていつ実現することやら見当もつかない。新球場といえば、元毎日オリオンズの代表黒崎貞次郎氏が発起人の一人としてよく顔を出すが、この人は新球場建設には一般経済界人物とはちがった、熱意の人と私は思っている。球場の不足は、プロ球界に関心を持つ人なら、誰れしも認めるところだが、その反面には、後楽園スタジアムにおけるＮＴＶのＴＶ独占が大きく作用していることはいなめない。そこで、神宮球場のナイター設備問題が飛び出したのである。六大学側の猛反対で、一応オジャンになったが、実際にはここが使用できる、となると、これはひじょうに便利で、後楽園における、セ・リーグの変則ダブルは、解消することになる。一度は引っ込んだが、新球場実現至難の今日である。時機をみて、再燃することは間違いない。

さて、本拠地十球場だが、そのNO・1は七万人をのむマンモス甲子園スタジアムである。高校球児憧れの球場たることはいまさらいうまでもない。観覧席といい、貴賓室、といい、まず一流である。役員席は、呉越同舟、従ってへたな口はいっさい禁物、食堂はマンモスの名称に反して、これはいささかお粗末、お世辞にもほめられない。ただしお値段は手ごろである。お隣りの西宮球場は全体としては日本一、といっていいようだが、ファン層が極めて薄く、野球の合い間に競輪をやって、バランスをとっている。天、二物を与えず、とはよくいったものだ。難波球場は立地条件からいえば、広島市民球場と同格で、道頓堀の歓楽街を控えたうえ、お隣りの南海直営のデパート内から南海電車が発着するという便利さ、こうした意味からすると、天下一等のスタジアムといえるが、こうした繁華街に建設された球場、欲をいうと、敷地が狭い。されば収容定員も三万とするのにはいささか骨が折れる。スタンドも周知のとおり日本一の急傾斜で一区劃《くかく》ごとにネットを張っているのは、観客の転落を防止するためのものである。

森ノ宮日生球場は、もともと日生のもの、近鉄が難波や、中日スタジアムを転々、とするジプシー的、さすらいの試合をやっているので、パ・リーグ内も同情して、三カ年を限って、ここに本拠地を許した。相当手を加えたのでよくはなったが、駒沢球場と、ドッコイドッコイ、ことしがその三年目の期限切れ、千葉監督が巨人からゴッソリ選手を迎えたが、千葉構想が図に乗ることを願うのは人情だが、乗れば乗ったで、本拠地移転問題がやかましくなるのではなかろうか。経営者は名古屋をねらっているようだが、野鳥のすべては苦心の果て、自らの巣を作るのである。一番奮起を祈ってやまない。

広島市民球場は、三分間で繁華街に出る、いわゆる市の中心地に存在する広島城、平和公園原爆記念館、そして県庁、病院、バスセンター、児童文化会館、護国神社と、著名な建物にかこまれている。ナイターともなって、カクテルライトに点灯されると、市民は矢も楯もたまらない。これを誘蛾灯《ゆうがとう》のごとく慕って、殺到するのである。オールスター戦のためメインスタンドを拡張しザット三万人は収容する。いうなれば「小じんまり」した球場だが、都市体裁上表口道路に面したところをホーム・プレートとした関係上、落陽の影響が大きく、やぐらに組んだ日除けが目ざわりである。綺麗な点、私は西宮球場と、よく似たところがあると思っている。食堂は後楽園に次ぐものと、自慢している。お値段サービスからすれば、おそらく日本一、といって過言でない。平和台球場も、足場は、さほど悪くはない。改装されて、確かに立派になった。一番目につくのは、スタンド下を実にフルにじょうずに使っていることだ。自軍関係の役員、職員の見物席ビジター役員の見物席、接待席、と一ツ一ツ区切りをつけてやっていることは申し分ない、呉越同舟は勝負の世界だけに、時に気まずい、思いをするものである。

収容人員はフルの場合、三万をオーバーする。さすがに優勝チームの本拠地球場である。食堂の方はまずまず、といったところだ。

中日スタジアムは、伊勢湾台風でめちゃめちゃに破壊され、今度旧に復したのだが、火災といい、風水害といい、こんなにまで叩きのめされた球場はないだろう。関係者の心労を察して余りがある。ここのファン層はなかなか現金坊主で、ドラゴンズがぜったい勝たねばおもしろくないのはわかるが、負けたとなると、自軍選手の個人個人を攻撃するのだからやりきれない。ファウル・ボールをもってきて、

「サインボールはいらない、金に代えてくれ」

と申し込んだファンもあって、さすがのスタジアム重役も驚いた、という。弥次も一番

悪質との評だ。トラブルも昨シーズンは、その筆頭であった。フルに収容して三万三千人、一度は日本選手権を握った土地柄、勝ちさえすれば、後楽園、広島に次ぐ観客を集める。熱狂ぶりは日本一かもしれないが、欠点をいえば、熱しやすく、さめやすいことだろう。ビジター代表に対してここは特別席のパスを発行している。十二球団中出色のサービスだが、この特別席の周囲は大のドラゴンズ狂席、パスは頂いてもとうていここでは見物できるものじゃない。経営者も心得ていて、

「どうかこちらで……」

と、記者席の隣りの方に案内してくれる。

後楽園スタジアムは正力氏の息のかかった文字どおり日本プロ野球のメッカ、ビジター役員席は正面記者席のすぐ下に五ツの席がとってある。ここがいっぱいになれば審判席にもぐり込むのである。読売巨人も、大毎も、国鉄も、それぞれ特別席を買い求めているが、お互いのチームの試合がない場合は、その席があくので、申し合わせて、利用し合っている。まことに合理的にやっている。新聞紙上には観衆四万五千、とよく出るが、有料実数は三万四千から五千、といったところ、つまり四万人近くは入場するのだが、有料実数を除いたほかはすべてパスであるわけだ。六球団、そして、後楽園スタジアム発行のパス客という

次第。案内人の服装も一流ホテル並み、食堂も申し分ないが、お値段の高いのも日本一だろう。この非難があったせいかどうか、球団、選手、新聞社関係のための特別食堂が新設されている。なるほど、一般食堂と違ってお値段は半額に近い。正面玄関前と横、裏にかけて、遊園地競輪場を設け、子供、大人の天国を出現させ、野球博物館も玄関口から二十メートルの位置にある。いまや押しも押されもせぬ、大スタジアムである。そのかみ（注・その昔、の意味）、工廠《こうしょう》の跡にこの馬鹿デカイ球場を建設したときには、一株金二十円也だったが、いったいどうなることかと、危ぶまれたものだ。それが今日では株価のみでも十倍近い、競輪と、ゴルフ練習場はドル箱とのこと、時代の勢いはおそろしいものである。

川崎スタジアムは、川崎市営である。このスタジアムの前が競輪場である。今夏七月のオールスター戦開催球場として、条件の三万人収容のため改装したが、なにせ、川崎では固定ファンが少く、超満員になるのは相手が巨人の場合のみだが本拠地八連勝の対広島戦では約八千人の入場をみて関係者を喜こばせた。ことしは水原巨人監督と宿命のライバル、三原脩氏が大洋の監督に就任したのだから、大洋――巨人のカードは、物すごく人気を呼んでいた。他の四球団相手としても、大洋の成績いかんによっては、従来の二、三割は増加するものと思われる。内野スタンドが拡張されて、いわゆる、内懐がふくらむことになったが、狭い敷地であればやむを得ない仕儀であろうが、内野中心の拡張だから文字どおり、お台所はふくらむ勘定だ。せいぜい、稼いでいただこう。

ともかく従来両翼が二八〇フィート（八四メートル）、投手泣かせの球場だったが、今度は二九〇フィート（八八メートル）になった。おあとは汚い弥次と工場からの煙り防止ができれば、申し分ないのだが……、大洋のガン張りいかんによって、川崎球場の今後は立派に将来性がある。ともかく市長さんの熱のいれ方が強いだけに希望のもてる土地柄である。

最後に駒沢球場だ。ここは、交通機関で損をしている。なるほど球場まで直通のバスは運転しているが山手線渋谷駅からの距離がありすぎる。よりスピード化するため、故五島慶太氏も、地下鉄や、東急の乗り入れを計画していたが、これらが青写真どおり実現すれば、すばらしいものになるだろう。ことし七月のオールスター戦候補球場になっていたが、現在の収容人員は二万がやっと、一万人を増やして三万人定員とするためには、仮工事のみで一億円、本格工事をやると三億円はかかるという、第二東映まで作って、映画でジャンジャン儲ける大川博社長は、算盤をはじいた。結果は、「商売になり申さず」と、オールスター開催を辞退してしまった。都の球場を改装しても無駄だ、というわけもあるらしいが、交通機関が完備スピード化しているなら、拡張して損のないことは事実であろう。

昨シーズン三位、Ａクラスに突入した東映である。他に球場を物色するハラがあるなら別問題、ここはジックリ考えて頂きたいところだ。球団の将来のためにも。……名物は、ヤブ蚊。係り員がナイターのときなど殺虫剤を撒布してくれるが、ゲームに夢中になっていると、スネから足にかけて、ここの蚊公はくつ下の上から血を吸いあげるのである。将来性のあることは川崎と同様である。

さて、カープ補助球場として印象に残るものを二ツばかり書き加えたい。一ツは賀茂郡酒どころの西条球場である。これは町営だが桜花のころ、ここでホームランが飛び出すと、白球が「コ」を描いて、神社のいらか（注・瓦ぶきの屋根）と、花霞の中にスーと、吸いこまれていく。夢のような感じである。もう一ツ、三次球場の三塁側内野席は桜花の下にしつらえてある。桜堤の下をそのまま観覧席にしているわけだ。ファンは一升壜をかかえ、グビリ、グビリ、（チビリ、チビリにあらず）とやりなら、野球見物。カープがヒットを放ち得点にでもなろうものなら大騒ぎ……、ヤンヤのカッサイだが、茶碗酒がそのまま祝杯となっていく。桜花、一片二片ヒラヒラと、茶碗の中に舞いいる風情はまたひとしおである。両手に花とは、三次球場のためにある言葉のようだ。

カープ狂ETC

カープ狂について書く、といったら、ある人が、

「そりゃ大変だ、県人はみんなカープ狂じゃけん」

と目をむいた。地元広島市では、カフェー、バー、キャバレーをはじめとして、二連勝したらどう、三連勝したらと、その勝ち星によって、その日のビール、飲食代の割引率が違うのである。敗れたとなると、これはまたえらいことで三度の食事の一ツでも、

「のどに通らない、食いたくない」

となるのである。ご機嫌ももちろん悪く、夫婦げんかや、使用人にアタリ散らすことになる。あるサラリーマソの家庭で、

「ナイターとなるとあなたはいつも遅いわネ、たまには子供のことも考えてちょうだい」

と、ご主人の野球狂による出費から、お定まりの夫婦げんかとなったが、ご主人が、

「浮気とちがうんぜ、カープの応援ぞ」

と、一言いったらその奥さんもニコリ、と笑って、無事おさまった、という話である。

ことほどさように地元のカープ狂はここに書きはじめたら、とどまるところを知らない

ものがある。同じカープ狂でも、カープについて回る人たちがいる。その筆頭は市議任都栗司氏、その次が県議の林興一郎氏である。カープの日程をあらかじめ調べておいて、東京、あるいは、大阪、名古屋と、仕事の合い間をみて、応援にかけつけるのである。大きな球場ではどうかすると発見できないが、川崎球場では、それとすぐ判明する。大洋の応援団長が、またものすごい大声でカープをやじるのだが、そのやじに対して、間髪をいれぬ、鋭い言葉が飛ぶのである。

「黙れッ……」

「カープ頑張れ……」

である。その声で、

「ハハ……あの先生だナ」

とスタンドを見回すと、ソフト帽をま深くかぶって、孤軍奮戦の英姿を発見するのである。

東京でこれ以上のカープ狂はあるまいと、NO・1のニックネームを持つ人に、運輸省鉄監局長岡本悟氏がある。岡本氏は広島市松原町出身、一中、広高、東大の秀才、広島電鉄社長（カープ社長）伊藤信之氏とは一中の後輩、鉄道官僚としてももちろん後輩だが、大の仲良し、ご本家には国鉄スワローズ、という、球団があるのだが、それには見向きもせず、ただカープ、カープの一途である。先年、欧米に出張したが、部下に対しての命令が愉快である。

「カープが勝ったら、ただ勝つ、と二字だけ、連絡してくれ」

であった。こうしたカープ狂だから、カープが負けたら、ご機嫌の悪いことはなはだしい。ことに国鉄に負けたとなると、大変なのである。それというのが、運輸省と国鉄本社は、周知のとおり同じ棟のなか、元広鉄局長であった、磯崎常務理事が大のスワローズ狂、なにかの機会にいっしょになると、スワローズが強い、いやカープだ、と、このご両人はコウカク泡をとばすのである。だから国鉄対広島の一戦一戦は、なみなみならぬものがあるわけだ。この外広島県人で東京でタクシーの運転手をしている、カープ狂が一人、カープの試合となると商売を休んでかけつけ、

「きょうの先発投手は誰れですか」

と、まず聞くのである。勝った、となると、大喜こびで、選手のバスがみえなくなるまで、見送っているのである。

カープといい、スワローズといい、そのファンの熱狂度はどこか似かよったところがあるのもおもしろい。かつて国鉄前代表の森君が来広した際、広鉄局に挨拶によったのだが、

現場の機関区で、

「森さん、どうかカープには勝たんでくれ、その代わり巨人を食ってくれ」

といわれて、目をばちくり、

「これはいけません」

と、ほうほうのていで辞したことがあり、筆者に、

「広島さんには負けました」

と、コボシていたが、東京ではスワローズ生みの親、参議院議員加賀山之雄氏が、

「スワローズには勝たんでくれよ、ほかのチームを叩いてくれよ……」

と、筆者にまじめな顔でいうのである。「狂」もここまでくると、お互いさま、ほほえましくなって両軍とも勝って勝って勝ち抜け、と心に念ずるより道がなくなるのである。

東京には多くのカープファンが存在する。丸の内某パチンコ店の店主や挿し絵画家の成瀬一富氏もその一人、太田利三郎氏（日本開銀総裁）もそうだが池田首相は、余り勝負のことについては語らないが、

「僕はカープの後援会長だよ」

と、この人らしい表現で、カープ狂の一角に名をつらねている。

僕のレジスタンス

その球団の役員、あるいは代表、ともなれば、一応勝負師の仲間にはいるわけだ。勝った、負けたが、ひとしお身にこたえるのは当然で、いわゆる「狂」というファン以上に深刻なものがある。勝負に負けたとなるとわが家に帰ってくる、その足どりまでが、重々しく、有無相通ずる家族のものなら、主人の足音一ツで、負けた、勝った、を感知するくらいである。そのやるせない気持の主人が、ガラッ……と格子戸をあげて玄関にはいるや、いなや、

「また負けたのネ」

とか、子供たちから、

「お父さん、弱いネ……」

とか、やられてごらんなさい。平常おとなしい仏様のようなご主人でもつい、

「うるさいッ……」

とかんしゃく玉の一ツも破裂させるのはあり勝ちなことだ。勝負に拘泥《こうでい》してはいけない

が、負けた、となると、おもしろくないのは人情、子ぼんのうな父親が、つい口走るのは、

「馬鹿者ッ……」

である。子供はびっくりして呆然とする。そしてベソをかく。あとで、

「しまった、どうも人間ができていないな、おれという人間は……」

と悔んでも実のところ、もう遅いのである。

筆者はこれを誰れ人よりも多く経験し、また他人様のそれを聞いている一人である。だから家庭では勝負に関することはいっさいタブーとしている。勝っても、負けてもいっさい口にせぬことにしている。ただ朝配達される、スポーツ紙をみて、誰れがよかった、誰れが凡頭だった、ていどのことは、家族座談会でなごやかに批判するのである。

しかしカープが七連敗だ、八連敗だ、といった、ひところは、もう座談会どころではなかった。

私も、子供も、おもしろくないことはなはだしい、それもそうだろう、当の白石監督までが、私に辞意を表明したほどだから……。家庭でいちばん野球狂なのは、次男坊である。現在中学の一年生だが、小さいときから野球が好きで、遊撃を守り、小学校でも、球技優秀という、評を頂戴している。

春のトーナメント大会が神宮球場で行なわれ、対国鉄に当時捕手の門前君が走者一掃の三塁打を放って、優勝したことがあるが、これをみた、次男坊は以来門前ファンとなり、門前君の背番号をユニフォームにつけて、大いに威張っていたものだ。子供がプロ選手に憧れる心理は、やはり英雄崇拝に通ずるものがあると、思ったことである。プロ選手たるもの大いにこの点自覚せねばならぬところだ。

ところで、カープの連敗である。家庭では、いっさい勝負の批判は禁じているが、妻の報告によると、次男坊は、

「どうしてあすこで一発出ないんだろう……」

と、涙さえ浮かべている、というのである。しかも次男坊は庭に出て、さかんにバットを振っている、ということであった。くやしいのは、次男坊にかぎらない。私の胸のうちは、煮えくりかえっているのだ。そこである日私は、思い切った提案をしたのである。長男と次男の二人を前にして、

「カープが勝ったらお父さんは千円を出そう……お父さんがまいるか、カープがまいるか、さああすから競争だ」

という次第、この私の提案は、私としては、一種のレジスタンスでもあったわけだ。千

円をとられたほうが内心は嬉しいが、さりとて、連日千円、とられても大変である。さあ、運は天にあり、と私はほぞを堅めたのであった。ところがどうだ。新提案した、その翌日、まず私はいかれた。

「父さん、千円戴きます。兄弟二人だから計二千円也……」

と督促をうけたのである。ゲームに勝ったことはすでに私は承知しているが、約束の千円也は一人分であって、兄弟二人だから金二千円也である、にはまいったのである。

「それは約束が違う」

ともいえない。カープが勝った嬉しさの弱身もあるからだ。かくして、この新提案は、私の嬉しい悲鳴で終始し、おかげさまでドン尻にあったカープは、五位にとどまった。次男坊の帳尻をみると、この千円也が郵貯となって、実に金二万五千円になっていたが、長男のほうは、もう大学生、さすがに貯金はしていなかったが、シーズン中、お小遣いに困らなかった、ということだった。

結局、嬉しい悲鳴で、金五万円也が、私のふところから消えた次第だが、私のレジスタンスも五万円也、で五位になったのだから、お安いものと、感じたことである。私のような、ファンの方々もおそらくあったことと思うが、被害者のご感想は……。さてことしは、どんなことになるか、昨シーズンを思い出して、書きつづってみた次第である。

「シビレル注射」事件

万余の大観衆を集めた球場で、一打一投にわく「ワッ……」という歓声は、野球なればこその「花」である。好きなチーム、ひいきの選手に、声援を送る、赤裸々なポーズはコン濁した世相の全くそとのものである。私はいつも思うことだ。「野球はみる立ち場の人が一番いい」と、そうです、球団役員とか、代表者、というものは、その本拠地球場においてはもちろんのこと、ビジターとなって他球場にいっても、一喜一憂に、拍手は許されない。のみか、へたに「声」も出せないのである。なぜか、本拠地においては試合管理人であり、ビジターの場合は立会人であるからだ。つまりあくまでも勝負進行については公正なる立ち場を厳守せねばならないのである。隣り合わせに相手チームの役員や代表となごやかに試合運びをみていても、

「よし、そこだッ……」

とか、

「それッ打てッ……よかった、よかった」

などということは、ゴルフのエチケット以上にやかましく禁ぜられている。これを知らずにやれば、胸にバッヂをつけていようがいまいが、退場を命ぜられることになっている。このことは私がプロ入門第一条として、注意せられたことであった。要するに代表は、本拠地にあっては、まず、当日の入場者に目を向けるべし。つまり、スタンドを一べつすることだ、と教えられたのである。入場者とは、お客様、ファンである。その員数によって経営が左右されるからである。しかし、スタンドをみたままで、

「これでよしよし」

とは納まりがたいものである。なろうことなら勝って欲しい、のはどこの役員さんも代表も同じである。勝って手を叩けず、負ければ負けたでスゴスゴ姿を隠す。どうして辛い立ち場である。肝臓や胃を悪化させるんじゃないか、とさえ身にこたえるのである。大洋の中部社長や副社長はこの禁にたえられず、いまだに、球団役員席では見物しない。一般ファンといっしょにスタンドに陣取って、さかんに拍手を送っているのをみかけるが、自軍敗戦と見きわめると、サッサと、引き揚げている。その気持は、われわれにはわかるのである。監督や選手の顔に接しないよう、との配慮からである。

広島の場合、正面ネット裏第一には球場寄付者席があり、広島の諸名士が陣取るが、今日、その人たちの声援ぶりは極めて公平で、敵味方を問わず、好プレーには拍手の雨を贈っている。カープ役員は、第二のボックスか、審判室、ビジター・チームの随行役員は、三塁側、医務室と半半の部屋が充当されているが、ここで、とんでもないことが惹起《じゃっき》したことがあった。私と、相手チーム役員との間で、表面化せずにケリをつけたんだが……。

それはカープ対巨人戦のときであった。巨人の某投手が医務室に来て、

「注射を頼みます」

と毎度のようにビタミン注射を依頼したのだが、この日はカープが不利でどうやら敗戦濃厚となっていた。ここの先生がまた大のカープファンだから、冗談まじりに、

「また注射か、チト、シビレルような注射をしてやれ」

と、いったのであった。その席に、S巨人重役が試合立会人として頑張っていることを知らなかったのである。ゲームはカープ敗戦で幕を閉じたが、二、三日後私の手許にこのS巨人重役から書簡が届いた。内容は前記のとおりだが、「相手が医者だから貴代表から納得のいくお返事がなければ、リーグ当局に提訴して適切なる措置をとる考えだ」

と、書簡の最後の方にはちょっと色めいたものが感得されたのである。このS重役は、

私の友人であったから、

「カープ狂も困ったもの。以後注意します。あくまで冗談なのでご寛容願いたい」

と、陳謝の意を表して問題を処理したが、それだけでは完璧でないので、久森事務局長を通じて、カープファンのその先生の反省を促したのであった。試合は勝負を決する点から、敵、味方とはなるものの勝負以外では、すべて同僚であり、友人である。負ければ、

「お宅は強い、いかれました」

と、相手に感情を押えて世辞の一ツもいわねばならぬし、勝った湯合は、

「まぐれですよ、頂きましたが……」

と、相手に花を持たせる。

こうしたことを、一シーズン繰り返す代表は、いよいよ、胃を悪くするんじゃないか、と思うのである。

旅先の食道楽

東海道線から山陽線へ、旅から旅の旅烏になるのはプロ選手のみではない。球団代表も

同じことである。一直線に二ツ以上の線にまたがるのほ、公式戦がいずれも本拠地球場で行なわれる場合のみに限る。これが東北、奥羽、北陸、信越、山陰と試合地が分散されるといやでも予定時刻前に現地に到着していなければならない。時間に遅れたりすると、それこそ大変「放棄試合」となって九－〇で負けたことになるのである。ただし天災地変のみは、除外されるのは当然だ。

北悔道遠征のみは、特殊地帯として、往復とも飛行機が常識になっているし、日程によっては、帰路のみ、列車となる場合もある。十一年間のながい、球団生活で、いちばん多く利用した路線は、いうまでもなく、東悔道、山陽の両線である。このごろは、朝風、さち風、さくら、といった便利な特急があるので、旅も極めて能率的となり、楽となったが、そのかみは容易ではなかった。「安芸」か「つくし」を利用するのだが、「安芸」は呉線回りで時間を食うし、「つくし」は駐留軍ことに飛行部隊のアチラさんが大半を占め、二等寝台なんか、体臭でむしあげられ、閉口ものであった。そのうえ、列車食堂は、アチラさんが優先でいやな思いをしたものである。そのうえ、うまくもない洋定食には泣かされたものだ。

さてたべ物のことだが、いれずにしても朝、昼食以外は、上り下りとも利用することはない。そこで、朝食に、「すし」と思えば、ボーイさんに頼んで大津の「ますずし」とするのだが、ほとんどは、神戸か三ノ宮でサンドウイッチに牛乳とする。昼は岡山の特別弁当をおきまりとしていたが、毎度特別弁当、となると鼻につく。そうした場合は、尾道まで延ばして「鯛めし」とするか、それにもあくと、糸崎で「いなりずし」とするのである。お茶は、静岡のそれにくらべては、問題にならないが、まず静岡に次ぐものとして、私は三原のお茶をあげる。これは安芸号のボーイが教えてくれたことで、なるほどと思った。煮出した柳の葉かなんかわからない、名前だけのお茶では、旅する者はわびしさを感ずるものだ。やはりお茶は、適当に温度を保ち、お茶の香りがなくてはかなわない。最近は岡山で、鰻丼が売られるようになったが、比較的評判がいいようだ。しかし、なかなか手にはいらないのが欠点、駅売りの数に制限があるのかもしれない。

上りの場合、特に買い求めるものは、私の場合、岡山のマスカット、水桃それに名古屋の納屋橋まんじゅう、横浜の焼売である。郷土の土産としては鯛の浜焼、カキ、といったところだ。

さて旅宿の食事は、となると、どこも五十歩百歩、特色をもたせたものは、よほど、山の中にでもはいらぬかぎりお目にかからない。かつて信州路に旅したころ、鯉こく、鯉のあらい、鰻の蒲焼、鶏卵鶏肉で朝、昼、晩、と二日間せめられたときには、いかに特色でもまいったことがある。リーグが共同で動く場合鈴木会長と行をともにするのだが、この会長がなかなか江戸前で、食事がやかましい。従って、一度、鈴木会長が泊った旅館は、いい合わせたように朝食には油揚げを軽く焼いて、小さくきったものを出す。調味料を落とした醤油で食べるのだが、ちょっとオツなものである。それに塩鮭を少々、あとは味噌椀、と漬け物、黒豆の甘煮少々、といったところだが、旅館によってはたくさん出せば喜こぶと思うのだろう。塩鮭も大きなきり身、油揚げもお皿に山盛り、とあっては、興ざめで、注文した鈴木会長が、

「いい加減にしろよ……」

と苦笑したことがあった。昼食は軽く、名古屋では「きしめん」大阪では「むしずし」といくのだが、「きしめん」は醤油汁でなく味噌汁入りのものが最高とおしえられた。夕食はお定りの刺身、吸物、酢の物は、もうたくさんで、すき焼とか、魚すきとか、同宿連中、相はかって決定することになっている。一度、こんなことがあった。日本シリーズで西鉄—中日の場合だった。福岡にはいったが、同じ旅館代ならと、郊外の某温泉（鉱泉）宿にセ・リーグの本拠地を定めた。ここの泊りは一泊半であったが、鈴木会長、故中村

三五郎氏（中日代表）、田中義一氏（阪神代表）、それに筆者と大和球士、この五名であった。一晩すき焼をかこんだのがせいぜいだった。が、さて勘定となったところ、宿泊、飲食代合計金八万円也、そのチップ一割、ということで総計金八万八千円となった。さすがの鈴木会長も驚いたが、われわれもびっくりした。ともかく割り勘で辛くもすませたが、福岡の旅館は高い。それに負けないのが北海道、双璧というところだろう。大阪もそう安くはないが、結局一家族が顔つき合わせて、食事をしたり、話し合ったりする方式のセ・リーグの好チームワークがホテルを毛嫌いする結果となってこの痛い目に合うわけだが、旅館の方も、プロ野球の会長や代表さんたち、金はうなるほどあるんだ、といった考えも、相当強く反映しているものと思われる。選手契約に乱れ飛ぶ札束がこんなところにまでおよんでいるとは、おそれいる次第だが、はなはだ迷惑なことである。会長も代表も、単なる月給取りなんだから……。

カープ盗難史

梁上《りょうじょう》の君子《くんし》、といえば、お上品だが、これは泥棒の話である。カープ選手が盗難にかかった記録をご紹介しよう。私が代表になって、第一回のチーム被害は甲子園であった。カープ宿舎、K荘は甲子園スタジアムから、徒歩で六分ていどのところにある。ちょうど試合のまっ最中、若い一人の男がK荘にやって来て、

「私は後援会のものだ。いま監督さんと球場で会って来ましたが、宿舎で待っていてくれとのことで、お邪魔いたします」

というのである。みれば小さな旅行カバンを抱え、言葉も広島なまり、主人は安心して、座敷に通した。女中がお茶をもっていくと、

「試合が終わるまで、疲れたからちょっと横にさせてもらう」

と座布団枕に寝てしまったのである。信じ切った、主人も、女中もそのままにしておいたが、さて、ゲームが終わって、一同が引き揚げてくると、さあ大変、寝ているはずの後援会員はどこにもいない。時計がない、金がない、と騒ぎは大きくなったのである。この甲子園付近の旅館では、ビジター・チームの被害は、過去にも相当あったが、手口はいずれも同じで、プロ野球団専門の泥的と判明したが、遂に犯人は検挙されなかった。恐縮した、K荘の主人は芳干の賠償をしたのだがほとんどの手口がこの種のもの。旅館側も、

「人をみたら泥棒と思え」

で警戒せねばならぬわけである。

第二回は、川崎市のM旅館である。ナイターを終わって、暑さは暑し、寝つかれぬままに選手一同は階上の寝室をあけ放ったまま、階下に集合、ポーカー等に興じていたものだ。夜中になって、ヤット涼しくなったので、各自寝室にはいったところ、整然としていたはずの部屋中がものすごく乱雑になっている。さては、と調べたところ、案の定いかれていた。ズボン、時計、帰広のための乗車券まで紛失していた。武沢マネジャーは急行券が盗難に会ったのだから、そのほうの手配に大わらわで、ズボンをやられた連中は、さっそくブラ下りを買い求めねばならぬ始末と相成った。気の毒だったのは松山投手で、買ったばかりの時計を盗まれ、半ベソであった。泥的は、窓のあいているのを幸い、ヒサシを足場に忍び入ったものだが、被害者はザット六、七人にのぼったのであった。それから三、四月経過して、熱海警察から球団責任者の出頭を求めてきたのである。犯人は熱海に来て盗品を入質、そこで足がついたのであった。松山投手の時計の番号がものをいったのである。私は選手のサインボールを手土産に熱海警察に出頭したが、ズボンなどはもうどこに叩き売ったのか、買った人物も不明、松山投手の時計と門前君の鰐皮のバンド等が入質品として警察に届いていたのである。聞いてみると、このM旅館の盗難事件もこれがはじめてではない、ということであった。

第三回は昨年（昭和三十四年）名古屋市である。納屋橋際の某旅館である。この手口は極めて巧妙であり、怪奇であった。若い学生ふうの男がこの旅館に現われた、と電話のベルがケタタマシク鳴ったのである。

番頭子が電話口に出ると、

「中日印刷所ですが、某々が白石監督と会見するため貴旅館にいったはずだ。目下試合中だが、ゲームが終わり次第、会見する約束になっている。待たせて欲しい」

というのである。番頭子はこの電話でスッカリ信用して、くだんの学生ふうの男を白石監督の部屋に案内したものである。白石監督は、各コーチ、武沢マネジャーと同室していたのであるが、さて、ゲームも終わって、一同バスで帰宿、晩餐をすませれば直ちに帰広、というあわただしい時間割りである。宿に引き揚げてくると、番頭子が、

「お客様がお待ちです」

というのである。白石監督が、

「そうですか」

と部屋にはいってみると、中日印刷の使と称する男の影も形もない。

「いないじゃないか」

と、帰広の準備にかかると、なんと、時計がない。驚いて、同宿のコーチに注意すると野崎コーチの時計はあったが、連盟バスの中に折りたたんで入れてあった千円札が消えている。藤村コーチの時計もなくなっていた。すわこそ泥棒、と文字どおり大騒ぎになったのである。さっそく中日に問い合わせたが、そんな男はいないし、旅館に使を出したおぼえもない、という返事、野崎コーチの時計には見向きも与えず、白石監督の時計と、藤村コーチの時計に目をつけたところは、どうしても専門家、という折り紙がつけられた。藤村コーチの時計は、大したことはないが、白石監督の時計は大物だった。白石監督がプロ野球生活生涯の思い出、として大いにむりをして、広島のさる知人の斡旋で求めた、時価十万余円のデラックス腕時計だったのである。

遂に犯人は検挙されなかったが、取り調べに当たった刑事も、

「これは大した目ききですよ」

と、驚いていた。ねらわれた白石監督であったわけだ。未だに犯人の検挙をみないわけは、入質（注・質屋に入れる）せぬためで、おそらく、犯人からしろうとの手に転売されたものとみられている。ともかくプロ野球選手はねらわれやすい、選手自身もマネジャーも

油断のならぬことはひととおりではない。さて、選手の盗難ばかり書いたが、代表者もやられている。広島で初のセ・リーグ理事会を開くため、六球団の代表、鈴木会長らは、広島に集結、太田川畔の旅館に投宿した。なんと、その暁方みごとにやられたのである。部屋割りをした際、あつがり屋の中日中村代表は、太田川を眼下に見下ろす、部屋を選んだ。一同寝についても、もう暁方近いころ、中村代表は、

「大変だ、大変だ、河口君来てくれよ」

と叫ぶのである。

「スワッ何ごと」

と、中村氏の部屋にはせつけると、

「泥棒だよ」

「財布をやられた」

というのである。聞いてみると、川風の涼を求めて、太田川よりの窓をあけ放って寝ていたが、暁方近くになって、ふと目をさますと廊下に出るドアーがあいている。

「おや、おかしいな」

と感じて、反射的に壁にぶら下げてあった、洋服の内ポケットに手をいれてみると、財

布がない。

「やられたッ」

と被害を確認したというのであった。

さあ、それからが大騒ぎである。旅館の主人以下女中さん、そして会長以下われわれもねむい目をこすりながら、

「それ警察」

「どこから忍び入ったか……」

とテンヤワンヤの騒ぎである。所轄から係り官が馳けつけ、早速足取り、指紋と、科学調査が開始されたが、廊下のドアーがあいていたところから、当初は女中さんが疑われたのだが、なんと泥的《どろてき》はこのあけ放った川ぞいの窓から侵入、もう一、二カ所荒らす予定で廊下に出ようとしたが断念して、もとの窓から逃走したと判定されたのである。

被害額は約三万円だったが、中村代表は、

「金はしかたがないが、財布が惜しい」

と大コボシ、そうこうしているうちに、夜は全くあけて、朝食となったとき、

「ただいま盗難の財布の届け出があった」

と知らせて来た。拾得者は、中国新聞の配達員でアルバイトの中学生であった。旅館から約二〇〇メートル離れた路上で拾得した、とのことであった。ところがこの財布の中に金一千円也の千円札一枚が残されていたのである。係り官の説明によると、

「この泥棒はなかなかの専門家ですよ、盗んだ金の一部を残して、捨てたのは、本人が逮捕されない、というオマジナイで一ツのジンクスですけん」

ということであった。女中さんの疑いは晴れ、中村氏愛着の財布は戻ったが、広島本拠地でこの騒ぎ、筆者として、なんとも申しにくい気分であった。

なおこの旅館でその後筆者も危くやられるところだったが、私の不眠症がそれを助けてくれたのであった。ともかくみなさんはねらわれている。ご警戒のほどを……。

広島野球倶楽部の発足を偲ぶ

広島野球倶楽部の発足は昭和二十五年、当時のもくろみ書きによってその昔をしのんでみたい。

まず会社の商号は株式会社広島野球倶楽部、事業目的としてあげられたものは一、野球

競技の興行　二、野球技術の指導教授並びに選手の養成　三、野球場並びに娯楽旅設の経営　四、野球および体育に関する用具の製造販売　五、右各号に付帯するいっさいの業務。

とあり、かなり多角経営をねらったものであった。資本金二千五百万円、一株の払い込み金額五十円、として株総数は五十万株とした。設立の趣旨としては、日本が平和国家としてスタートしてから、野球ほどすみやかな復興を遂げたものはないこと、それは大衆性とわが国民性に合致したスポーツであること、また当時連合軍司令部の経済科学局長の、マーカット少将が日本の野球に対して高度の支持と好意とを寄せていること、が強調されている。最後に、由来広島地方はスポーツに深い理解と高い熱意を持ち、多数の全国的に著名な選手を輩出し、名門広島として全国的に認められており、しかも原爆の都市広島は「特別平和都市」として再出発すべく努力を傾注していることがこまごまと述べられている。発起人として選ばれた者は県下各界各地方を代表するもので、その顔触れは次のとおりであった。

氏名	年齢	現職	略歴
伊藤　信之	五一	広島電鉄専務	東京帝国大学法科卒・運輸省鉄道局部長

石原善三郎	六一	尾道市長	大阪電線社長・奈良市町
仁田　竹一	五五	広島県会議員教育委員長	瀬戸内海汽船社長・県会副議長
任都栗　司	五二	広島市会議長	
戸田　勝己	四二	三原市長	
金尾　馨	三九	尾道市商工会議所会頭	
河相寿太郎	五五	福山市商工会議所会頭	
吉永竜次郎	四五	三原市商工会議所会頭	
谷川　昇	五三	日本アガ株式会社社長	ハーバード大学院卒・山梨県知事・内務省　警保局長・衆議院議員
田中　好一	五六	広島県公安委員長	山陽木材社長
多山恒次郎	六五	広島電鉄社長	
野田　繁雄	五六	呉市会議長	末広自動車工業株式会社社長
山本　正房	五一	中国新聞社専務総務局長	
松田重次郎	七四	東洋工業株式会社社長	
藤井　正男	四三	福山市長	元代議士
藤田　定市	六〇	広島市商工会議所会頭	藤田組社長

小林　憲一　五三　三原市市会議長
青山　俊三　五〇　尾道市市会議長
佐藤　五郎　五九　福山市市会議長
水野　勝弥　三五　呉市商工会議所会頭　株式会社水野組社長
三浦　　正　五五　広島県県会議員　三次町長・広島県町村会会長
檜山袖四郎　五〇　広島県県会副議長　檜山建設社長
浜井　信三　四二　広島市長　東京帝国大学卒・広島市助役
鈴木　　衛　四六　呉市長　東京帝国大学卒・商工省企業整備部長
小谷　伝一　六四　広島県県会議長
白井　市郎　六二　中国醸造株式会社社長

発起人中、すでに故人となられた方々が多くいるのは、県、市民の知るところである。球場は、観音の総合グラウンド野球場の総面積一、二〇〇坪（三九七二平方メートル）、収容人員は二万五千人と記録されている。当時の広島カープ第一軍選手一覧表によると次の二十九名で、外に準登録選手（二軍）十五名を養成していた。

広島カープ第一軍選手一覧表

〔( )内の身長、体重は編集部で作成しました〕

背番	位置	氏名	年令	身長	体重	出身校	球歴	本籍
30	監督	石本秀一	五二	五、五尺(一六六、七cm)	一五、〇貫(五六、三kg)	広島商業 関西学院	阪神、金鯱、大洋、金星、太陽、各監督	広島
40	コーチ	灰山元章	三七	五、七尺(一七二、七cm)	一六、〇貫(六〇kg)	広島商業 慶応大学	朝日軍	
1	内助監	白石勝己	三一	五、五尺(一六六、七cm)	一七、五貫(六五、六kg)	広陵中学 日大	巨人、太陽(遊)	〃
3	主内	辻井弘	三二	五、六尺(一六九、七cm)	一七、五貫(六五、六kg)	平安中学 早大	太陽(捕一)	京都
15	投	内藤幸三	三三	五、七尺(一七二、七cm)	一八、〇貫(六七、五kg)	東京市立商業	金鯱、朝日、金星、阪急(投)	〃
16	〃	武智修	二四	五、六尺(一六九、七cm)	一八、五貫(六九、四kg)	松山商業	阪神、金星 阪急(遊投)	愛媛
18	〃	竹村元雄	二六	五、五尺(一六六、七cm)	一八、〇貫(六七、五kg)	台湾花道港中学		熊本
17	〃	黒川浩	二〇	五、五尺(一六六、七cm)	一六、〇貫(六〇kg)	北野中学 松山商大		愛媛
22	〃	石川清逸	二三	五、七五尺(一七四、二cm)	一八、五貫(六九、四kg)	名古屋工業	太陽二軍	愛知
20	〃	中山正嘉	三二	五、六尺(一六九、七cm)	一六、〇貫(六〇kg)	松山商業	金鯱(投)	広島
21	〃	林次郎	二六	五、八尺(一七五、八cm)	一六、五貫(六一、九kg)	丸亀商業		香川

24	投	箱田　義勝	一九	五、五尺（一六六、七cm）	一七、五貫（六五、六kg）	福山誠之館中学		広島
26	〃	三島　正三	二一	五、六尺（一六九、七cm）	一七、三貫（六四、九kg）	松江商業	太陽二軍	島根
38	〃	角本　義昭	一九	五、六尺（一六九、七cm）	一六、〇貫（六〇kg）	広島盈進商業		広島
32	〃	長谷川良平	一九	五、五尺（一六六、七cm）	一九、〇貫（七一、三kg）	半田市立商工		愛知
2	捕	坂田　清春	二五	五、三尺（一六〇、六cm）	一五、五貫（五八、一kg）	滝川中学	阪急、南海（捕）	兵庫
12	〃	山崎　明男	二八	五、六尺（一六九、七cm）	一九、〇貫（七一、三kg）	松山中学 明大		愛媛
6	内	磯田　憲一	二五	五、三尺（一六〇、六cm）	一六、〇貫（六〇kg）	広島商業 明大		広島
5	〃	田中　成豪	三〇	五、六尺（一六九、七cm）	一六、〇貫（六〇kg）	関大中退	阪急、東急、太陽	兵庫
14	〃	田所　重歳	二六	五、八尺（一七五、八cm）	一八、〇貫（六七、五kg）	水戸工業 多賀工専		茨城
23	〃	坂井　豊司	二四	五、四尺（一六三、六cm）	一五、〇貫（五六、三kg）	岐阜商業	阪急	大阪
10	〃	樋笠　一夫	二九	五、八尺（一七五、八cm）	一八、〇貫（六七、五kg）	高松中学		香川
7	外	岩本　章	二九	五、六尺（一六九、七cm）	一七、五貫（六五、六kg）	高知商業	巨人、中日、阪急（外）	高知
11	〃	黒木　宗行	二三	五、七尺（一七二、七cm）	一八、〇貫（六七、五kg）	宮崎商業	太陽二軍	宮崎
8	〃	荻本伊之武	二四	五、三五尺（一六二、一cm）	一七、〇貫（六三、八kg）	一宮中学	国民野球ブレーブス	愛知

37	外	紺田　周三		五、五尺（一六六、七cm）	一六、〇貫（六〇kg）	松山高校		愛媛
9	〃	角南　効永	二〇	五、六尺（一六九、七cm）	一六、〇貫（六〇kg）	関西中学	太陽二軍	岡山
マネジャー		久森　忠男	三五	五、五尺（一六六、七cm）	一六、〇貫（六〇kg）	広島商業　法大		広島
	〃	浜崎　忠治	三四	五、二尺（一五七、六cm）	一四、〇貫（五二、五kg）	横浜高商		〃

合宿所は仮として広島市観音町木造瓦葺二階建（五十五坪＝一八二・〇五平方メートル＝三菱造船寮）を借用のほか、広島市内に七十坪（二三一・七平方メートル）の合宿所を新設するほか、東京にも同じく七十坪ていどの合宿所を設けることに予定され、球団事務所の本社は広島市に、支社は東京都（中国新聞支社借用）に置くと定められた。業務機構並びに役員及び従業員は次のとおりに定められている。

A、本社取締役会長、取締役社長、専務取締役、常務取締役、監査役、

B、支社、支社長

役員は十二名以内、監査役は三名以内とされた。従業員は本社においては総務部長とも五名、営業部は選手を含んで四十名とし、支社は支社長を含み三名、とされている。

なお発起人の株式引き受けは次のとおりだが、発足当時の選手にして今日なお現役とし

活躍している者は主将投手の長谷川良平君、および監督の白石勝己君、他に球団にある者としてはマネジャーの久森君が事務局長、外野手の岩本章君が球場部長、内野手の磯田憲一君が阪売課長、として残るのみである。当時をしのび、今日をみるときまことに感慨無量なるものがあるではないか。筆者は当時、専務理事の肩書で、緑の下の力持ちをやったのであった。

氏名	引受株主の種類及び数
谷川　昇	新株式　一、〇〇〇株
伊藤　信之	同
石原善三郎	同
仁田　竹一	同
任都栗　司	同
戸田　勝己	同
金尾　馨	同
河相寿太郎	同

氏名	引受株主の種類及び数
吉永竜次郎	新株式　一、〇〇〇株
田中　好一	同
多山恒次郎	同
野田　繁雄	同
山本　正房	同
松田重次郎	同
藤井　正男	同
藤田　定市	同

小林　憲一	一、〇〇〇株
小谷　伝一	同
青山　俊三	同
佐藤　五郎	同
水野　勝弥	同
三浦　正	同
白井　市郎	同
檜山袖四郎	同
鈴木　衛	同
浜井　信三	同
計	二六、〇〇〇株

カープ後援会名簿

会長	宮地　憲三	理事	宮本　益吉
副会長	大内　五良	〃	和田　一見

顧問　小川　真澄
〃　任都栗　司
相談役　大原　博夫　広島県知事
〃　松田　恒次
〃　松坂　義正
〃　藤田　定三
理事　徳山　来
〃　石川久人
〃　樽井　末松
〃　吉田　亮男
〃　加藤　清
〃　森岡　義夫
〃　吉田　義雄
〃　大森　道夫
〃　寺尾　英雄

理事　太田　勇
〃　米村　武夫
〃　佐々木司三
〃　大籔　剛
〃　下宇峠和一
〃　新島　万三
〃　中村　好夫
〃　植木　厚
〃　松田　章
〃　菊地　義雄
〃　柳川　利夫
〃　迫井　忠
〃　八木　竹夫
〃　新田　静
〃　森田　新一

理事　川後　信雄
〃　万　又男
〃　竹末　勝
〃　細川　恒蔵
〃　河野　正
〃　松上　年雄
〃　打越　信夫
〃　鍵本　久人
〃　河内　栄郎
〃　山本　敬一

理事　満極　春夫
〃　伊藤　剛二
〃　平賀　卓治
〃　竹永　政一
〃　三上　勲
〃　松岡　杉雄
〃　円光寺　務
〃　原　一法
〃　寺西　輝雄

カープ後援会支部所在地および支部長名簿

所在地	氏名
広島砂糖株式会社	木曽　聖夫
広島山佐運輸株式会社	小宇羅正允
中国塗料株式会社	下宇峠和一
株式会社福屋	清貞　肇

鈴木化学工業株式会社　山崎　巖
広島中央卸売市場　和田　一允
山陽木材防腐株式会社　八松　嘉郎
天満屋百貨　松沢　七郎
広島バス株式会社　高田　実雄
蔵田金属株式会社大洲工場　吉岡　宏
万国製針株式会社　田島　良正
広島農業協同組合連合会　畠中　盛義
広島県経済農業協同組合連合会　友沢和一郎
広島県農業共済組合連合会　深野　五郎
今西製作所　今西　義昭
高畑　保夫
広島電鉄株式会社　寺西　輝雄
共栄火災海上保険相互会社　湯谷　達男
山部印刷株式会社　桧山　秋三

中国塗料株式会社　下宇峠和一
株式会社福屋　清貞　肇
日通広島支店　土井　半三
広島相互銀行　清水　武夫
株式会社藤田組　赤尾　数三
中野工業株式会社　中野　宏士
東京海上火災保険株式会社　藤井　正士
熊平製作所　岡本　了彦
瀬戸内海印刷株式会社　飯尾　即二
広島銀行本店　河内　栄郎
熊野製罐株式会社　中田　昇
三菱造船ＫＫ広島造船所厚生課　中村　好夫
宮本産業株式会社　宮本　益吉
日本郵便運送ＫＫ広島支店　沖原　義信
ワイス製菓株式会社　小林　義秀

広島線材株式会社　大籔　剛
セーラー万年筆坂田製作所　石井　重幸
三菱レイヨン大竹工場　吉山　勝三
中国醸造株式会社　帯井　清
三菱造船広島精機製作所　徳山　来
油谷重工株式会社　桂　忠夫
株式会社日本製鋼所広島製作所　井上　三春
千代田製砥株式会社　中西幸太郎
広島ガス株式会社　沢村　和彦
日本ブロック建設株式会社　益田　明
金正印刷株式会社　前川　陽一
日本酸素株式会社広島営業所　鬼田　喜徳
中国電気工事株式会社　古賀　七郎
藤野綿業株式会社　吉村　元彦
中国新聞社　石川　久人

マルニ木工株式会社　浅尾　孝
東洋工業株式会社　円光寺　務
備北交通株式会社　吉岡文太郎
株式会社永井製パン工場　永井　勝一
共和電機工業所　植木　厚
安田信託銀行株式会社広島支店　橋本　哲夫
広島日野ルノー株式会社
土生商船株式会社　西本　公一
中国新聞社山口支局　内田　時春
広島県薬業株式会社　吉村　政儀
中国電力株式会社本店　中西　徹導
中電広島支店　池本　公人
中電東営業所　長谷川哲郎
中電広島西営業所　加藤　虎雄
中電大洲製作所　大森　道夫

中電坂発電所	西田　歳一
広鉄管理局厚生課	横田　一穂
広鉄管理局中国地方自動車事務所	堀田　巧
広鉄広島電修場	門　繁雄
広鉄第一機関区	山田　茂
広鉄貸車区	万　又男
広鉄第二機関区	川后　信男
広島駅乗客班	赤野　勲
広島車掌区	藤井　静真
国鉄広島工場	三宅　秀雄
国鉄広島自動車営業所	井手　徳次
広鉄三次機関区	小林　斌人
広鉄岩国機関区	岡村　登
彦美容院隣	竹末　勝
広島保線区	増岡　昭一
国鉄海田市自動車営業所	米田　一男
広鉄瀬野機関区	仮井　郷実
広鉄糸崎機関区	戸田　巽
国鉄川本自動車営業所	中村　好日
広島大学	竹内　康男
広島県社会保険診療報酬支払基金事務所	林　良俊
広島県自治会館	佐藤　完
広島地方気象台	上田　君雄
広島食糧事務所	阪井　哲夫
広島検察庁	片山　雅彦
広島公共職業安定所	森岡　繁美
広島地方裁判所	藤田　利治
広島県庁総務部人事課	清水　威充
広島県警察本部	片田　正
広島法務局	中川　隆祝

広島弁護士会　服部　良吉
ABCC　木村　哲郎
中国海運局　細川　豊
農林省統計調査事務所　平岡　勝登
広島県立若草園　大本　守
広島国税局　松田栄二郎
広島西税務署　楯岡　茂
広島盲学校　和田　律善
広島市役所会事務局　原　一法
尾道地方事務所　奥　正美
陸上自衛隊海田市部隊厚生課　小田手　一
陸上自衛隊海田市部隊　森本　勇
五日市役場　馬場　正
ブロック広島鉄道郵便局　森岡　義夫
広島郵便局保険課　静村　武人

広島郵政研修所　藤井　常男
宇品郵便局　小島　保男
中国電気通信局資材部　栗本　元
中国電気通信局経理部　三里　義彦
中国電気通信局建設部　隅田　藤一
中国電気通信局資材配給局　田賀　正
中国電気通信局施設部　河野　正雄
広島郵政局　金山　佳也
広島西郵便局　吉森　巖
広島地方貯金局　浜崎耕三久
広島電話局　行武　邦彦
二十日市電報電話局　船村　悟
海田郵便局　森谷　忠男
中国電気通信局労務課職員部　新田　徹
中国電気通信工作工場　渡辺　匠

広島電気通信部

林　栄二
井上　昌
山本　一男　広極内
菊地　義男
鍵本　久人
森信　多恵
大籔　剛
横山　晴繁
田原　佐一
松尾　正義
樽井　末松
山県　隆夫
沖重　正治　喫茶店ラボンヌ
木村　律　昭和新聞
磯田　貞一

岩子　敏
石川　一夫
西田　貞允
吉田　玉吉
吉田　義雄
加藤　広
大宗　章一
川本　光男
竹永　政一
新川　清人
鷹野橋茶房
松田　章
中島　政光
河野　正
細川　鉄矩

紙屋町タクシー　打越　信夫　　大学酒場　祖母井　勲
第一モータース　森田　新一
椎木　一二
村田　勝一
橋口　京一
橋本　欠三
藤井　卓昌
縫部　貢
世良　秋守
桜花　光男
橋本　光男
新田　静
岡田　和幸
大林　渡
久畑菊次郎

初出では各氏の当時の住所を掲載していますが、復刻版では個人情報保護法により、削除いたしました。また企業の住所も削除いたしました。

——編集部

カープ風雪十一年

昭和35年8月20日　印　刷
昭和35年8月25日　発　行

著　者　河口　豪
発行者　池田恒雄

発行所　ベースボール・マガジン社

1960年（昭和35年）発行時の奥付です。なお装丁は山越 音さんです。

〈解説〉

河口豪さんと「カープ風雪十一年」

冨沢佐一（元中国新聞社カープ担当記者）

河口豪《かわぐちとし》さんを知る人は、プロ野球関係者を含め、今ではほとんどいないだろう。1949年秋、広島にプロ球団をつくることになりチーム名が「カープ」に決まったと報じた最初の記事の執筆者が河口さんだった。やがてチーム創設の動きに引きずり込まれ、球団代表に就任。いつつぶれてもおかしくない貧乏球団を懸命に支えたのも彼だった。そんな波乱の時代を回想した「カープ風雪十一年」はカープ本の第1号なのである。

河口さんは1904年（明治37年）、東京都に生まれた。帝国通信社社会部長などを経て1942年に中国新聞社へ入社。東京支社通信部長の職にあった1949年（昭和24年）9月27日、元衆議院議員谷川昇氏の来訪を受けたことが、人生の転機となった。谷川氏は新球団の構想を語り、翌日日本野球連盟へ正式の手続きをすること、チーム名は「カープ」とすることなどを伝えた。河口さんがすぐ原稿にまとめ、広島の本社へ電話で吹き込んだのがカープの第1報である。

実は河口さんも、広島にプロ球団をつくりたいと考えていた一人だった。戦後間もなく、河口さんらは共同通信と有力地方紙とで「火曜会」という組織を作った。取材や情報交換のための連絡機関だったが、プロ野球の地方開催を斡旋するようにもなった。広島でも何度か試合を行ったところ、その都度大入り満員。広島大学を設置する資金集めの試合を行って大成功したこともある。そんな盛況ぶりに、河口さんはプロ野球の将来性を感じたのである。

1950年（昭和25年）1月15日、原爆の傷跡があちこちに残る広島市内で、カープは球団の結成披露式を行った。だが、他球団と違って親会社はなく、当てにしていた自治体からの出資も間に合わなくて、資金の裏付けがないままのスタートとなった。プロ野球が2リーグに分裂し球団が一挙に倍増したこともあって有力選手は集まらず、石本秀一監督が個人的なつてを頼りに探した人がほとんど。引退していた人を無理に現役復帰させた例さえあった。

このような話を、私は中国新聞のカープ担当記者をしていた1979年（昭和54年）初めごろ、河口さんや石本さんから直接聞くことができた。そのころ、既に初優勝を成し遂げようやく安定経営に入ったカープは、1979年が創設30年の年だった。この節目に、地元紙として何か企画を展開すべきです——と、若気の至りで主張したら、「それなら君が連載をやれ」との指示。こうしてカープの30年史を書くことになり、ゼロから取材に取りかかったのである。

河口さんにお目にかかったのは、東京・有楽町駅に近いサロンだった。既に70歳を超えておられたが、声には張りがあり、話しぶりには熱がこもっていた。彼が真っ先に取り出したのは一通の古ぼけた手紙である。「これはね、差し障りがあってはいけないので、これまで誰にも見せたことがなく、大切に保管していた手紙です」。それは、1949年12月、各地を回って選手集めをしていた石本監督が広島にいた谷川氏へ宛てた手紙だった。

「昨日は松山にて黒川投手と契約を結びました」で始まる手紙は、大至急送金を——と催促する内容である。「今までに契約金として三百三十五万円、トレイド金六十万円を支出し十三名の契約を終わりました。残る選手に対し白石選手を別にして、約三百五十万円入用の見込みです。この手紙着き次第大阪へ百万円、東京へ百万円、大至急にて電送願います」。速達便である。石本監督の必死の思いやあせりが、ひしひしと伝わってくる。

チームが発足してからも、河口さんは苦労の連続だった。給料をほとんどもらえないままクビになり、中国新聞東京支社の彼の席へ連日押しかけた選手もいた。本職の通信部長との兼務で、しかも、球団の代表職は無報酬だった。球団経営がいよいよ行き詰まった1951年（昭和26年）3月、河口さんは、球団社長らと3人、セ・リーグの事務所へ呼び出された。3人の中には池田勇人大蔵大臣の秘書官大平正芳氏もいた。後の首相である。「選手の給料は遅配続きやないですか」「プロ野球は、銭のないもんがやるものやおまへん」「大それたことを考えんと、身売りでもしたらどうですか」。関西弁の厳しい叱責を、3人はただうなだれて聞いていたという。大平氏が同席したのは、河口さんが東京後援会から資金援助を受けて窮地を突破しようと考え、池田蔵相に会長になってもらったからである。やがて、河口さん自身も存続を諦め、球団の身売り先を探す事態にまでなったのだった。

絶体絶命のこの窮地を、石本監督の後援会づくりで乗り越えてからも、カープは次々と苦難に見舞われた。後援会との対立から石本監督が辞任。河口さんも球団を巡る企業の主導権争いの中で次第に立場が微妙になった……。1960年（昭和35年）に代表を辞任した河口さんは、内側から見たカープの苦闘を中国新聞に連載。それを元に単行本「カープ風雪十一年」を出版した。ちょうど池田内閣が発足した頃で、池田氏の写真や推薦文が巻頭を飾った。

カープが初優勝した直後、河口さんは「カープ風雪十一年」を一部手直しし、「栄光の広島カープ　風雪25年」と改題して出版した。以後、１９９１年のカープ6度目の優勝までを見届け、１９９７年（平成9年）11月16日、93歳で亡くなった。強くなったカープを見ることができて何よりだったと私は思う。

日本中を真っ赤に染めたかのような２０１６年（平成28年）の優勝。「カープ女子」が流行語となったように、カープ人気は今や〟全国区〟である。そんな興奮の渦の中で、私は手元にある「カープ風雪十一年」を何度もめくってみた。表紙裏には力強い筆跡で「河口豪」のサイン。人気チームカープの礎を築いた石本さんや河口さんからカープ草創期の思い出を直接取材できたことが、今、喜びや懐かしさとともに、よみがえってくるのである。

河口豪（かわぐちとし）
1904年（明治37年）4月1日東京都に生まれる。蔵前高校中退。帝国通信社会部長、鉄道春秋主幹、中国新聞東京支社通信部長、情報局委員、広島市政嘱託、セ・リーグ理事、同理事長、新日本リーグ理事長、株式会社広島カープ代表などを歴任。著書に『鉄道挺身隊戦記』などがある。ペンネーム太田鯉平。
1997年（平成9年）11月16日没。享年93歳。

カバー・本文デザイン構成：塚田男女雄（ツカダデザイン）

カープ風雪十一年

発行日　2016年10月10日　第1刷発行

著　者　河口豪
編集人
発行人　阿蘇品蔵
発行所　株式会社青志社
〒107-0052 東京都港区赤坂6-2-14 レオ赤坂ビル4F
（編集・営業）Tel : 03-5574-8511　Fax : 03-5574-8512
http://www.seishisha.co.jp/

印　刷
製　本　株式会社ダイトー

ISBN 978-4-86590-033-0 C0095